AF567904

Rudolf Meyer

Deutschland 1945–1990

Umfangreiches Übungsmaterial zur Quellenarbeit im Geschichtsunterricht 7.–10. Klasse

Inhalt

I. Deutschland 1945–1949

Material

II. Die wichtigsten Ereignisse bis zur Wiedervereinigung

Material

© Persen Verlag

Zu dieser Mappe

Die vorliegende Mappe befasst sich mit dem Zeitabschnitt von 1945 bis 1990. Im Fokus stehen die Staatenbildung, die West- und Osteuropäische Integration, der Ost-West-Konflikt und die Normalisierung der Beziehungen auf dem Weg zur Deutschen Wiedervereinigung. Ausgewählte Schwerpunktthemen enthalten problemorientierte Arbeitsaufträge, die auf der Grundlage zuverlässiger Materialien und Originalquellen unter Anleitung der Lehrkraft möglichst eigenständig bearbeitet und vertiefend recherchiert werden sollen.

© Persen Verlag

Material

1 „Die Großen Drei“

2 Die Teilungspläne der Alliierten

3 Die politische Situation der Siegermächte 1945

Aufgaben

a Recherchiere und skizziere die Lebenswege von Josef Stalin, Franklin D. Roosevelt, Winston Churchill, Clement Attlee und Harry S. Truman.

b Die Politik Winston Churchills ist umstritten.
Recherchiere seine Rolle beim Untergang der RMS Lusitania 1915. Churchill war verantwortlich für den Bombenkrieg gegen die deutsche Zivilbevölkerung und auch mitverantwortlich für den US-Atombombenabwurf auf Hiroshima und Nagasaki.
Beurteile diese drei Tatsachen.

c Beurteile die Begründung in der Nobelpreisverleihung an Winston Churchill, er sei „ein Verteidiger von höchsten menschlichen Werten“ und erhalte den Preis auch wegen seiner „gesprochenen Worte“.

d Schätze das politische Gewicht der Siegermächte nach der Kapitulation Deutschlands 1945 unter Berücksichtigung von Material 2 und 3 ein.

e Welche Interessenkonflikte der Siegermächte waren vorprogrammiert?

© Persen Verlag

Material 1
„Die Großen Drei"

Treffen am 28. November 1943 in Teheran: Josef Stalin, Franklin D. Roosevelt, Winston Churchill. Das Foto als „Die Großen Drei" bekannt, wird bis heute mit der geplanten Neuordnung Europas nach dem Kriegsende verknüpft.

Die Konferenz von Potsdam 1945 zeigt „Die Großen Drei" in neuer Besetzung, denn Roosevelt war unmittelbar nach seiner Wiederwahl verstorben und Churchill verlor die Unterhauswahlen in Großbritannien. Von links: der neue britische Premierminister Clement Attlee, der neue US-Präsident Harry S. Truman, der sowjetische Diktator Josef Stalin. Dahinter: US-Admiral William Daniel Leahy (Botschafter in Paris), der britische Außenminister Ernest Bevin, US-Außenminister James F. Byrnes und der sowjetische Außenminister Wjatscheslaw Molotow (r.)

© Persen Verlag

Material 2
Die Teilungspläne der Alliierten

Schon während des Krieges versuchten die Alliierten, auf verschiedenen Kriegskonferenzen eine gemeinsame Linie zur Behandlung Deutschlands nach der zu erwartenden Kapitulation zu finden.

Die wichtigsten Konferenzen waren:

Konferenz von Casablanca (Januar 1943) Teilnehmer: Roosevelt, Churchill

Washington-Konferenz (Mai 1943) Teilnehmer: Roosevelt, Churchill

Quebec-Konferenz (August 1943) Teilnehmer: Roosevelt, Churchill

Konferenz von Teheran (November 1943) Teilnehmer: Stalin, Roosevelt, Churchill

Quebec-Konferenz (September 1944) Teilnehmer: Roosevelt, Churchill

Konferenz von Moskau (Oktober 1944) Teilnehmer: Stalin, Churchill

Konferenz von Jalta (Februar 1945) Teilnehmer: Stalin, Roosevelt, Churchill

Konferenz von Potsdam (nach Kriegsende in Europa, Juli bis August 1945)
Teilnehmer: Stalin, Truman, Churchill (später durch Attlee ersetzt)

Die Pläne der Alliierten waren von unterschiedlichen Interessen und gegenseitig wachsendem Misstrauen geprägt. Sie reichten bis hin zur vollkommenen Zerstückelung des Deutschen Reiches. Roosevelt und mit Einschränkungen auch Churchill wollten den Expansionsdrang Stalins (Weltkommunismus) eindämmen, konnten es aber nicht durchsetzen, weil die UdSSR im Großen Vaterländischen Krieg Hitler-Deutschland besiegt hatte. Einvernehmlich wurde die Aufteilung Deutschlands in Besatzungszonen beschlossen.

In der Konferenz von Potsdam verständigte man sich zur Vorgehensweise gegenüber Deutschland auf die Einrichtung eines Außenministerrats (USA, Großbritannien, Sowjetunion, Frankreich und China) mit folgenden Aufgaben:

1. Vorbereitung von Friedensverträgen mit Deutschlands Verbündeten
2. Regelung ungelöster territorialer Fragen
3. Vorbereitungen zur Lösung der deutschen Nachkriegsprobleme wie
   - Struktur der Wirtschaft, Festlegung wirtschaftlicher Begrenzungen
   - Abrüstung und Entmilitarisierung
   - Waffenverbote (inkl. Atomwaffen)
   - Auflösung der NSDAP, Entnazifizierung
   - Bestrafung der Kriegsverbrecher
   - Demokratisierung aller Bereiche der Gesellschaft
   - Dezentralisierung
4. Einrichtung einer dauerhaften alliierten Kontrolle

Vgl. W. Benz: Kriegsziele der Alliierten. In: Informationen zur politischen Bildung/Heft 259. Bonn 2005, S. 7.

© Persen Verlag

Material 3
Die politische Situation der Siegermächte 1945

Siegermacht Großbritannien

Winston Churchill war seit 1940 Premierminister nach Neville Chamberlain. Höchst umstritten sind die „Bombenkriege“ 1943/45 gegen die Zivilbevölkerung Deutschlands, die Churchill zu verantworten hatte. Auch seine Rolle beim Einsatz der Atombombenabwürfe 1945 über Hiroshima und Nagasaki verschafften ihm den Ruf, ein scharfer Verfechter militaristischer Politik zu sein. Die Unterhauswahl 1945 verlor Churchill, weil sein Wahlprogramm primär am Krieg orientiert war und nicht den Interessen der Bevölkerung entsprach. In den 50er-Jahren wurde er erneut Regierungschef. 1953 erhielt Churchill, der auch Journalist und Buchautor war, für sein Mammutwerk „Der Zweite Weltkrieg“ den Literaturnobelpreis. Allerdings ist die Begründung des Nobelpreiskomitees im Hinblick auf Churchills politisches Wirken äußerst fragwürdig: Winston Churchill wurde „für seine meisterlichen historischen und biografischen Schilderungen sowie für brillante Rhetorik bei der Verteidigung erhabener menschlicher Werte“ ausgezeichnet.

Siegermacht USA

Franklin D. Roosevelt war von 1933 bis zu seinem Tod im April 1945 Präsident der USA. Harry S. Truman, sein Nachfolger, war bei Amtsantritt mit wesentlichen Entscheidungen wie Einsatz der Atombomben 1945 in Japan, Nachkriegsordnungen in Europa und Fernost sowie mit dem Verhältnis zum Kommunismus konfrontiert. Truman gilt als Ideologe des „Kalten Krieges“ (Truman-Doktrin) und des späteren atomaren Wettrüstens.

„Siegermacht“ Frankreich

Nach der militärischen Niederlage und der Teilbesetzung des Landes im Zweiten Weltkrieg kollaborierte die sogenannte „Vichy“-Regierung mit Deutschland. Von Großbritannien aus setzte sich daraufhin General Charles de Gaulle an die Spitze der Widerstandsbewegung gegen Hitler-Deutschland. Nach der Befreiung von Paris im August 1944 zog er triumphal ein und wurde Chef der provisorischen Regierung. Frankreich war nicht an den Konferenzen von Jalta und Potsdam beteiligt. De Gaulle erreichte aufgrund seines Widerstands die Anerkennung als „Siegermacht“ und Frankreich erhielt einen Sitz im UN-Sicherheitsrat als Ständiges Mitglied.

Siegermacht UdSSR

Die UdSSR mit Diktator Josef Stalin an der Spitze ging aus dem Zweiten Weltkrieg als der große Befreier und Sieger hervor. Mehr als 13 Mio. Soldaten und über 14 Mio. Zivilisten verloren ihr Leben. Damit hatte die Sowjetunion mehr als die Hälfte aller Opfer weltweit zu beklagen. Die Sachschäden im Land waren ebenfalls weltweit am größten. Entsprechend bedeutend war der sowjetische Einfluss bei den Konferenzen von Jalta und Potsdam.

© Persen Verlag

Material

4 Die Potsdamer Konferenz und die Teilung Deutschlands

5 Beginn des Ost-West-Konflikts: Truman-Doktrin

6 Der 1. Juli 1948: Frankfurter Dokumente

Aufgaben

a Beschreibe die Situation für das Deutsche Reich nach der Potsdamer Konferenz.

b Deutschland hatte die Souveränität vollständig verloren.
Was bedeutete das?

c Die Potsdamer Konferenz war bereits von weltanschaulichen Konflikten zwischen kapitalistischen Staaten und dem kommunistischen Staat Sowjetunion gekennzeichnet.
Was waren die Streitpunkte?

d Die Truman-Doktrin verschärfte den Konflikt.
Worum ging es dem US-amerikanischen Präsidenten?
Gib den Inhalt der Rede Trumans vor dem Kongress am 12. März 1947 zusammenfassend wieder und markiere die wesentlichen Passagen.

e Die Truman-Doktrin wird als Beginn des Ost-West-Konflikts angesehen, der bis zum Ende der 1980er-Jahre andauerte.
Welche Rolle spielte Deutschland in diesem Konflikt?

f Durch die Übergabe der sogenannten „Frankfurter Dokumente“ (1. Juli 1948) wurde einerseits den drei Westzonen ein wenig Souveränität zugestanden, andererseits die sich abzeichnende Teilung Deutschlands in zwei Staaten vorangetrieben.
Begründe dies.

© Persen Verlag

Material 4
Die Potsdamer Konferenz und die Teilung Deutschlands

Die Aufteilung Deutschlands in Besatzungszonen

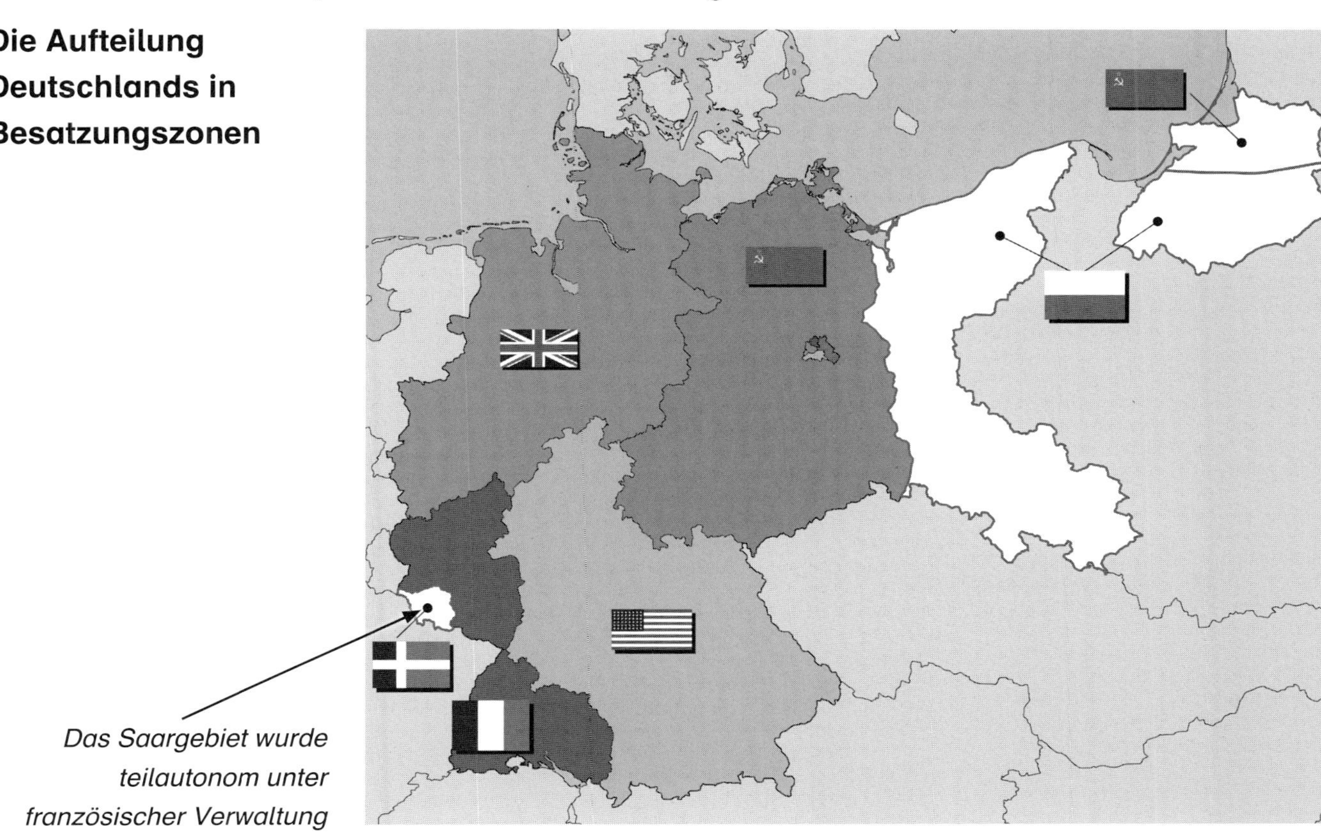

Das Saargebiet wurde teilautonom unter französischer Verwaltung

Material 5
Beginn des Ost-West-Konflikts: Truman-Doktrin

Die Doktrin erhielt ihren Namen nach Präsident Harry S. Truman, der diese außenpolitische Weichenstellung am 12. März 1947 vor dem US-Kongress verkündete.
Mit der Truman-Doktrin rief er zum Beistand auf, um „allen Völkern, deren Freiheit von militanten Minderheiten oder durch einen äußeren Druck bedroht ist" zu helfen. Konkret bezog er sich auf die kommunistische Bedrohung durch die UdSSR in der Türkei und Griechenland. Die Truman-Doktrin besiegelte das Ende der US-amerikanischen Kriegskoalition mit der Sowjetunion und war der Beginn des Kalten Krieges.

US-Präsident Harry S. Truman, 1945

© Persen Verlag

Material 5/1
Beginn des Ost-West-Konflikts: Truman-Doktrin

Die Truman-Doktrin (12. März 1947)

Herr Präsident, Mr. Speaker, Mitglieder des Kongresses der Vereinigten Staaten:

Die Schwere der Situation, mit der die Welt heute konfrontiert ist, erfordert mein Erscheinen vor einer gemeinsamen Sitzung des Kongresses. Die Außenpolitik und die nationale Sicherheit dieses Landes sind involviert.

Ein Aspekt der gegenwärtigen Situation, den ich Ihnen zu diesem Zeitpunkt für Ihre Überlegungen und Entscheidungen vorstellen möchte, betrifft Griechenland und die Türkei. Die Vereinigten Staaten haben von der griechischen Regierung einen dringenden Appell für finanzielle und wirtschaftliche Unterstützung erhalten. Vorläufige Berichte der amerikanischen Wirtschaftsmission jetzt in Griechenland und Berichte des amerikanischen Botschafters in Griechenland bestätigen die Aussage der griechischen Regierung, dass Unterstützung unerlässlich ist, wenn Griechenland als freie Nation überleben soll. Ich glaube nicht, dass sich das amerikanische Volk und der Kongress der Bitte der griechischen Regierung gegenüber taub stellen wollen.

Griechenland ist kein reiches Land. Der Mangel an ausreichenden natürlichen Ressourcen hat das griechische Volk immer dazu gezwungen, hart zu arbeiten, um auskömmlich wirtschaften zu können. Seit 1940 hat dieses fleißige und friedliebende Land unter einer Invasion, vier Jahre grausamer Feindbesetzung und erbitterten inneren Unruhen gelitten. Als die Befreiungskräfte Griechenland betraten, stellten sie fest, dass die zurückweichenden Deutschen praktisch alle Eisenbahnen, Straßen, Hafenanlagen, das Kommunikationswesen sowie Handelsmarine zerstört hatten. Mehr als tausend Dörfer waren verbrannt worden. Fünfundachtzig Prozent der Kinder hatten Tuberkulose. Das Vieh, Geflügel und die Zugtiere waren fast verschwunden. Die Inflation hatte praktisch alle Sparguthaben vernichtet. Als Folge dieser tragischen Umstände konnte eine militante Minderheit, die menschliche Not und Elend ausnutzte, ein politisches Chaos schaffen, das die wirtschaftliche Erholung bis heute unmöglich machte. Griechenland verfügt heute nicht über die Mittel, die Einfuhr jener Güter zu finanzieren, die für das Existenzminimum unerlässlich sind. Unter diesen Umständen können die Menschen in Griechenland keine Fortschritte bei der Lösung ihrer Wiederaufbauprobleme erzielen. Griechenland benötigt dringend finanzielle und wirtschaftliche Unterstützung, um die Wiederaufnahme der Beschaffung von Lebensmitteln, Kleidung, Treibstoff und Saatgut zu ermöglichen. Diese sind unverzichtbar für das Leben der Menschen und nur aus dem Ausland erhältlich.

Griechenland muss Hilfe bei der Einfuhr der Güter haben, die für die Wiederherstellung der inneren Ordnung und Sicherheit erforderlich sind, somit essentiell sind für die wirtschaftliche und politische Erholung.

Die griechische Regierung hat auch um Unterstützung durch erfahrene amerikanische Verwalter, Ökonomen und Techniker gebeten, um sicherzustellen, dass die Griechenland gewährten Finanz- und anderen Hilfsmittel effektiv zur Schaffung einer stabilen und sich selbst tragenden Wirtschaft und zur Verbesserung ihrer öffentlichen Verwaltung genutzt werden.

Die pure Existenz des griechischen Staates ist heute gefährdet durch die terroristischen Aktivitäten mehrerer tausend bewaffneter Männer, geführt von Kommunisten, die sich der Autorität der Regierung an vielen Orten widersetzen, insbesondere entlang der nördlichen Grenzen.

Eine vom Sicherheitsrat der Vereinten Nationen ernannte Kommission untersucht derzeit Störungen in Nordgriechenland und vermeintliche Grenzverletzungen entlang der Grenze zwischen Griechenland einerseits und Albanien, Bulgarien und Jugoslawien andererseits.

© Persen Verlag

Material 5/2
Beginn des Ost-West-Konflikts: Truman-Doktrin

Mittlerweile ist die griechische Regierung nicht in der Lage, mit der Situation fertig zu werden. Die griechische Armee ist klein und schlecht ausgerüstet. Sie benötigt Nachschub und Ausrüstung, wenn sie die Autorität der Regierung in ganz Griechenland herstellen soll. Griechenland muss Unterstützung erhalten, wenn es eine sich selbsttragende und sich selbst respektierende Demokratie werden soll.

Die Vereinigten Staaten müssen diese Unterstützung leisten. Wir haben Griechenland bereits bestimmte Arten von Erleichterungen und Wirtschaftshilfe gewährt, aber diese sind unzureichend. Es gibt kein anderes Land, an das sich das demokratische Griechenland wenden kann.

Keine andere Nation ist willens und in der Lage, die erforderliche Unterstützung für die demokratische griechische Regierung bereitzustellen.

Die britische Regierung, die Griechenland geholfen hatte, kann nach dem 31. März keine weitere finanzielle oder wirtschaftliche Unterstützung mehr leisten. Großbritannien sieht sich gezwungen, das Engagement in verschiedenen Teilen der Welt wie auch in Griechenland zu reduzieren oder ganz einzustellen.

Wir haben geprüft inwieweit die Vereinten Nationen in dieser Krise helfen könnten. Aber die Lage ist dringend und erfordert Sofortmaßnahmen, wobei die Vereinten Nationen und ihre Organisationen nicht in der Lage sind, Hilfen in dem erforderlichen Umfang zu leisten.

Es ist wichtig darauf hinzuweisen, dass die griechische Regierung um unsere Hilfe gebeten hat, um die finanziellen und weitere Unterstützungen, die wir Griechenland gewähren könnten, effektiv zu nutzen und um die öffentliche Verwaltung zu verbessern.

Es ist von größter Wichtigkeit, dass wir die Verwendung jeglicher Mittel überwachen, die Griechenland zur Verfügung gestellt werden; in der Weise, dass jeder ausgegebene Dollar dazu beiträgt, Griechenland finanziell unabhängig zu machen, und dabei helfen wird, eine Wirtschaft aufzubauen, in der eine gesunde Demokratie gedeihen kann.

Keine Regierung ist perfekt. Eine der Haupttugenden einer Demokratie ist jedoch, dass ihre Mängel immer sichtbar sind und im demokratischen Prozess aufgezeigt und korrigiert werden können.

Die Regierung von Griechenland ist nicht perfekt. Dennoch repräsentiert sie fünfundachtzig Prozent der Mitglieder des griechischen Parlaments, die im vergangenen Jahr gewählt wurden. Ausländische Beobachter, darunter 692 Amerikaner, hielten diese Wahl für einen fairen Ausdruck der Ansichten der griechischen Bevölkerung.

Die griechische Regierung hat in einer Atmosphäre von Chaos und Extremismus gehandelt. Sie hat Fehler gemacht. Die Ausweitung der Hilfe durch unser Land bedeutet nicht, dass die Vereinigten Staaten alles dulden, was die griechische Regierung getan hat oder tun wird.

Wir verurteilten in der Vergangenheit und wir verurteilen auch jetzt extremistisches Vorgehen der Rechten oder der Linken. Wir haben in der Vergangenheit zu Toleranz geraten und wir raten zu Toleranz auch jetzt.

Griechenlands Nachbar, die Türkei, verdient ebenfalls unsere Beachtung.

Die Zukunft der Türkei als ein unabhängiger und wirtschaftlich solider Staat ist für die freiheitsliebenden Völker der Welt nicht weniger wichtig als die Zukunft Griechenlands. Die Lage, in der sich die Türkei heute befindet, unterscheidet sich erheblich von der Griechenlands. Die Türkei ist von den Verhängnissen verschont geblieben, die Griechenland heimgesucht haben. Und während des Krieges haben die Vereinigten Staaten und Großbritannien der Türkei materielle Hilfe geleistet.

Gleichwohl braucht die Türkei jetzt unsere Unterstützung.

Nach dem Krieg hat die Türkei um finanzielle Unterstützung von Großbritannien und den Vereinigten Staaten ersucht, um die für die Aufrechterhaltung ihrer nationalen Integrität notwendige Modernisierung zu ermöglichen. Diese Integrität ist unverzichtbar für die Aufrechterhaltung der Ordnung im Nahen Osten.

© Persen Verlag

Material 5/3
Beginn des Ost-West-Konflikts: Truman-Doktrin

Die britische Regierung hat informiert, dass sie aufgrund eigener Schwierigkeiten der Türkei nicht mehr länger finanzielle oder wirtschaftliche Hilfe gewähren kann.

Wie im Falle Griechenlands müssen die Vereinigten Staaten, wenn die Türkei die benötigte Hilfe erhalten soll, diese bereitstellen. Wir sind das einzige Land, das in der Lage ist, diese Hilfe zu leisten.

Ich bin mir der weitreichenden Auswirkungen voll bewusst, falls die Vereinigten Staaten die Hilfe für Griechenland und die Türkei ausweiten, und ich werde diese Auswirkungen offenlegen und diskutieren.

Eines der Hauptziele der Außenpolitik der Vereinigten Staaten ist die Schaffung von Bedingungen, unter denen wir und andere Nationen in der Lage sein werden, ein Leben frei von Zwang zu erreichen. Dies war ein fundamentaler Punkt im Krieg mit Deutschland und Japan. Unser Sieg wurde über Länder gewonnen, die anderen Nationen ihren Willen und ihre Lebensweise aufzwingen wollten.

Um die friedliche Entwicklung der Nationen frei von Zwang sicherzustellen, haben die Vereinigten Staaten eine führende Rolle bei der Gründung der Vereinten Nationen übernommen. Die Vereinten Nationen sollen dauerhafte Freiheit und Unabhängigkeit für ihre Mitglieder ermöglichen. Wir werden unsere Ziele jedoch nicht verwirklichen, wenn wir nicht bereit sind, freie Völker bei der Aufrechterhaltung ihrer freien Institutionen und ihrer nationalen Integrität gegen aggressive Bewegungen zu unterstützen, die ihnen totalitäre Regime aufzwingen wollen. Dies ist nicht mehr als die ehrliche Erkenntnis, dass freien Völkern aufgezwungene totalitäre Regime, sei es durch direkte oder indirekte Aggression, die Grundlagen des internationalen Friedens und folglich auch die Sicherheit der Vereinigten Staaten untergraben.

Die Völker einer Reihe von Ländern dieser Welt hatten in jüngster Zeit totalitäre Regime, die ihnen gegen ihren Willen aufgezwungen wurden.

Die Regierung der Vereinigten Staaten hat wiederholt gegen die Vereinbarungen von Jalta verletzenden Unterdrückungen und Einschüchterungen in Polen, Rumänien und Bulgarien protestiert. Ich muss auch feststellen, dass es in einer Reihe anderer Länder ähnliche Entwicklungen gab.

Zum gegenwärtigen Zeitpunkt in der Weltgeschichte muss fast jede Nation zwischen alternativen Lebensformen wählen. Zu oft ist diese Wahl nicht frei.

Eine Lebensweise beruht auf dem Willen der Mehrheit und zeichnet sich durch freie Institutionen, repräsentative Regierung, freie Wahlen, Garantien der individuellen Freiheit, Rede- und Religionsfreiheit und Freiheit von politischer Unterdrückung aus.

Die zweite Lebensweise basiert auf dem Willen einer Minderheit, die der Mehrheit gewaltsam aufgezwungen wird. Sie beruht auf Terror und Unterdrückung, kontrollierter Presse und Radio; unfreien Wahlen und Unterdrückung persönlicher Freiheiten.

Ich glaube, dass es die Politik der Vereinigten Staaten sein muss, freie Völker zu unterstützen, die sich der versuchten Unterwerfung durch bewaffnete Minderheiten oder dem Druck von außen widersetzen. Ich glaube, wir müssen freien Völkern helfen, ihre eigenen Ziele auf ihre eigene Art zu erreichen.

Ich glaube, dass unsere Hilfe primär durch wirtschaftliche und finanzielle Unterstützung erfolgen sollte, die für wirtschaftliche Stabilität und geordnete politische Prozesse essenziell ist.

Die Welt ist nicht statisch und der Status quo ist nicht heilig. Aber wir können Veränderungen des Status quo nicht erlauben, die unter Verletzung der Charta der Vereinten Nationen durch solche Methoden wie Zwang oder durch solche Ausflüchte wie politische Infiltration ablaufen. Durch die Hilfe, freien und unabhängigen Nationen ihre Freiheit zu erhalten, verleihen die Vereinigten Staaten den Prinzipien der Charta der Vereinten Nationen Wirkung.

Es ist ausreichend nur einen Blick auf eine Karte zu werfen, um zu erkennen, dass das Überleben und die Integrität der griechischen Nation von gravierender Bedeutung sind. Wenn Griechenland unter die Kontrolle einer bewaffneten Minderheit fallen sollte, wäre die Auswirkung auf seinen Nachbarn Türkei ernsthaft gegeben. Konfusion und Aufruhr könnten sich im gesamten Nahen Osten ausbreiten.

© Persen Verlag

Material 5/4
Beginn des Ost-West-Konflikts: Truman-Doktrin

Zudem würde das Verschwinden Griechenlands als unabhängiger Staat tiefgreifende Auswirkungen auf jene Länder in Europa haben, deren Völker mit großen Schwierigkeiten kämpfen, ihre Freiheiten und ihre Unabhängigkeit zu erhalten, während sie die Schäden des Krieges beseitigen.

Es wäre eine unbeschreibliche Tragödie, wenn diese Länder, die so lange gegen gewaltige Widerstände gekämpft hatten, diesen Sieg verlieren sollten, für den sie so viel geopfert haben. Der Zusammenbruch der freien Institutionen und der Verlust der Unabhängigkeit wäre nicht nur für sie, sondern für die Welt ein Desaster. Mutlosigkeit und mögliches Scheitern wäre schnell das Los benachbarter Völker, welche nach Freiheit und Unabhängigkeit streben.

Sollten wir scheitern, Griechenland und der Türkei in dieser schicksalhaften Stunde zu helfen, wird es weitreichende Auswirkungen sowohl nach Westen als auch nach Osten haben. Wir müssen sofortige und entschlossene Maßnahmen ergreifen.

Deshalb ersuche ich den Kongress um Ermächtigung für die Unterstützung Griechenlands und der Türkei in Höhe von 400.000.000 $ für den Zeitraum bis zum 30. Juni 1948. Bei der Beantragung dieser Mittel habe ich den Höchstbetrag der Hilfsleistungen berücksichtigt, der Griechenland aus den 350.000.000 $ gewährt werden würde, die ich vor kurzem vom Kongress zur Verhütung von Hunger und Leiden in den vom Krieg verwüsteten Ländern zur Freigabe angefordert habe

Zusätzlich zu Finanzmitteln ersuche ich den Kongress, die Verlegung von zivilen und militärischen Personals der USA nach Griechenland und der Türkei auf Antrag dieser Länder zu genehmigen, um bei den Aufgaben des Wiederaufbaus zum Zwecke der Beaufsichtigung der Verwendung von finanzieller und materieller Unterstützung zu assistieren, soweit dies eingerichtet werden kann. Ich empfehle, Kapazitäten auch für die Ausbildung und Training von ausgewähltem griechischen und türkischen Personal bereitzustellen.

Abschließend ersuche ich den Kongress um Ermächtigung, welche die schnellste und effektivste Nutzung dieser Mittel – soweit freigegeben – hinsichtlich der benötigten Rohstoffe, Versorgungsgüter und Gerätschaften ermöglicht. Wenn weitere Mittel oder weitere Befugnisse für die in dieser Botschaft angegebenen Zwecke benötigt werden, werde ich nicht zögern, die Situation vor den Kongress zu bringen. Bei diesem Thema müssen Exekutive und Legislative der Regierung zusammenarbeiten.

Dies ist ein bedeutender, ernster Weg, auf den wir uns begeben. Ich würde dies nicht empfehlen, wenn nicht die Alternative noch viel schwerwiegender wäre. Die Vereinigten Staaten steuerten 341.000.000.000 $ Dollar für den Sieg im Zweiten Weltkrieg bei. Dies ist eine Investition in die Freiheit und den Frieden der Welt.

Die Unterstützung, die ich für Griechenland und die Türkei empfehle, beläuft sich auf wenig mehr als ein Zehntel von einem Prozent dieser Investition. Es entspricht lediglich gesundem Menschenverstand, dass wir diese Investition begleiten und sicherstellen, dass sie nicht umsonst war. Die Samen totalitärer Regime werden durch Not und Mangel genährt. Sie verbreiten und wachsen auf dem bösen Boden der Armut und Unfrieden. Sie erreichen ihr volles Wachstum, wenn die Hoffnung der Menschen auf ein besseres Leben gestorben ist. Wir müssen diese Hoffnung am Leben erhalten.

Die freien Völker der Welt erwarten von uns Unterstützung für die Erhaltung ihrer Freiheiten. Wenn wir in unserer Führung schwanken, könnten wir den Frieden der Welt gefährden – und wir würden sicher das Wohlergehen unserer eigenen Nation gefährden. Große Verpflichtungen wurden uns durch die schnellen Veränderungen auferlegt.

Ich bin zuversichtlich, dass der Kongress diesen Verantwortlichkeiten gerecht werden wird.

Quelle: President Truman's Message to Congress; March 12, 1947; Document 171; 80th Congress, 1st Session; Records of the United States House of Representatives; Record Group 233; National Archives. Übers.: Andreas Philipp

© Persen Verlag

Material 6
Der 1. Juli 1948: Frankfurter Dokumente

Deutschland war nach dem Verlust der Souveränität mehr oder weniger ein Spielball oder eine Schachfigur der Siegermächte geworden, wie sich nach der Truman-Doktrin zeigte.

In der Londoner Sechsmächtekonferenz von 1948 verständigten sich die USA, Großbritannien, Frankreich, Niederlande, Belgien und Luxemburg auf die Gründung eines westdeutschen Teilstaates. Die UdSSR war zu der Konferenz nicht eingeladen worden.

Daraufhin wurde lediglich in den drei Westzonen im Juni 1948 eine Währungsreform durchgeführt.

Am 1. Juli 1948 übergab man den westdeutschen Ministerpräsidenten der Länder die sogenannten „Frankfurter Dokumente" mit der Ermächtigung bzw. der Weisung, eine Verfassunggebende Versammlung bis zum 1. September einzuberufen, die einen Vorschlag für ein Grundgesetz der drei Westzonen vorzulegen hatte, der von den Siegermächten (ohne die UdSSR) akzeptiert werden musste.

Die UdSSR reagierte mit einer eigenen Währungsreform und der Sperrung aller Verbindungen nach Berlin und trieb ihrerseits eine zweite Staatsgründung auf deutschem Gebiet voran.

Das Grundgesetz trat am 23. Mai 1949 in Kraft und begründete den westdeutschen Teilstaat „Bundesrepublik Deutschland" (BRD).

Der Quellentext steht mit dem Suchbegriff
„Dokumente zur künftigen politischen Entwicklung Deutschlands [Frankfurter Dokumente],
1. Juli 1948" zur Verfügung unter:

© Persen Verlag

Material

7 Entstehung der BRD und der DDR

8 Das politische System der Bundesrepublik Deutschland

9 Das politische System der Deutschen Demokratischen Republik

10 Flucht und Vertreibung

11 Europa: politische Gliederung 1939 und zur Zeit des Eisernen Vorhangs 1949

Aufgaben

a Warum kann man die BRD und die DDR als Staaten „unter Vorbehalt" bezeichnen?
Versuche die Vorbehalte zu beschreiben.

b Gib den Inhalt von Material 8 zusammengefasst wieder und erläutere die Grafik 8/1.

c Gib den Inhalt von Material 9 zusammengefasst wieder und erläutere die Grafik.
Beurteile die Verfassung der DDR.

d Beschreibe die Grafik „Flucht und Vertreibung".
Welche Gründe waren für diese „Völkerwanderung" maßgeblich?

e Vergleiche die politische Gliederung Europas von 1939 mit der von 1949.
Welche Bedeutung hat die schwarze Linie in der Karte von 1949?
Was bedeutete sie für Deutschland?

© Persen Verlag

Material 7
Entstehung der BRD und der DDR

1. Die drei Westzonen hatten sich zunächst zur Bizone und dann zur Trizone zusammengeschlossen.
2. Die USA, Großbritannien und Frankreich gründeten 1949 auf der Basis dieses Zusammenschlusses einen demokratischen, marktwirtschaftlich orientierten Weststaat, die Bundesrepublik Deutschland (BRD).
3. Die UdSSR setzte mit der Deutschen Demokratischen Republik (DDR) einen kommunistisch orientierten, von der UdSSR abhängigen Staat entgegen.
4. Beide Staaten standen unter alliiertem Vorbehalt und waren nur eingeschränkt souverän und nicht voll handlungsfähig.
5. Für die DDR galt dies bis etwa 1990, die BRD war vor allem außenpolitisch von den alliierten Kommissaren abhängig und gewann nach und nach bis 1990 die Souveränität mit Einschränkungen (vgl. hierzu Egon Bahr, Material II/20) zurück.

Bundesrepublik Deutschland (BRD) **Deutsche Demokratische Republik (DDR)**

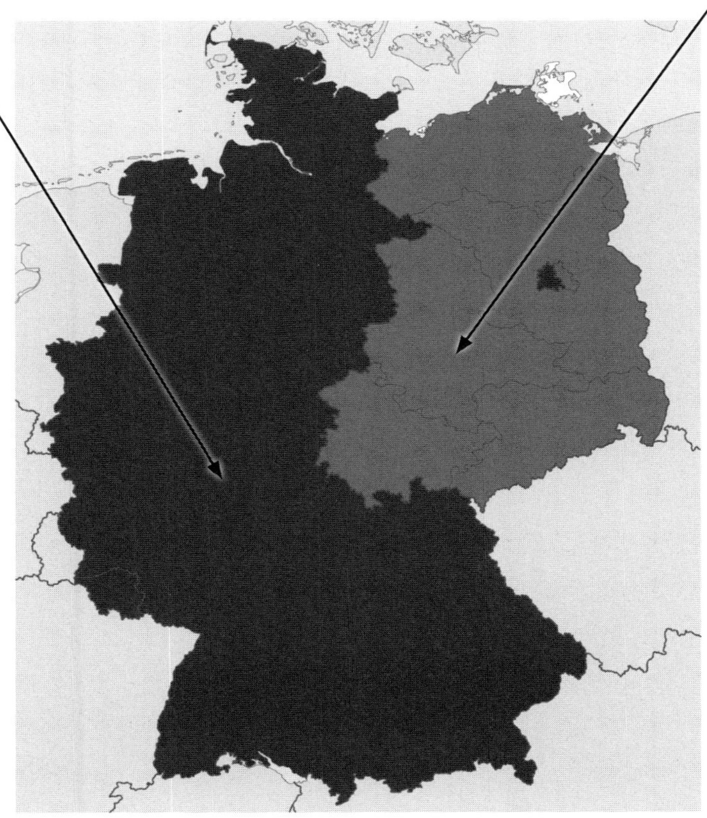

Positionskarte 1957–1990

© Persen Verlag

Material 8

Das politische System der Bundesrepublik Deutschland

Das Jahr 1949

Am **23. Mai 1949** verkündete der Parlamentarische Rat das Grundgesetz für die Bundesrepublik Deutschland.

Ziel der Westmächte war es, in den drei Westzonen einen stabilen, demokratischen Staat mit westlicher, antikommunistischer Orientierung aufzubauen.

Die „Grundrechte" des einzelnen Menschen sind wesentlicher Teil des Grundgesetzes, dabei gelten die „Menschenrechte" für alle Menschen, die „Bürgerrechte" allerdings nur für die deutschen Staatsbürger. Das Grundgesetz legte auch den Föderalismus (enge Zusammenarbeit zwischen Bund und Ländern) für die BRD grundsätzlich fest. Ebenso die sogenannte „Gewaltenteilung":
Exekutive (Regierung, ausführende Gewalt)
Legislative (Parlament, gesetzgebende Gewalt)
Judikative (Gerichte, rechtsprechende Gewalt)

Am **14. August** fanden die Wahlen zum ersten Deutschen Bundestag statt.

Am **7. September** fanden die konstituierenden Sitzungen des Bundesrates und des Bundestages statt.

Am **15. September** wurde Theodor Heuss (FDP) Bundespräsident und Konrad Adenauer (CDU) Bundeskanzler.

Am **20. September** wurde die Bundesregierung ernannt. Gleichzeitig wurde das „Besatzungsstatut" in Kraft gesetzt, das der BRD wieder eine – beschränkte – völkerrechtliche Handlungsfähigkeit ermöglichte.

Das Grundgesetz war als Übergangslösung geplant, die sowjetische Besatzungszone sollte ggf. einbezogen werden, das deutsche Volk sollte „in freier Selbstbestimmung die Einheit und Freiheit Deutschlands vollenden". Zur gleichen Zeit lag für die sowjetische Besatzungszone ein Verfassungsentwurf für die DDR vor, der an der kommunistischen Sowjetunion orientiert war.

Das Grundgesetz der BRD war von Beginn an vorübergehend angelegt. Doch enthielt es alle die wesentlichen Voraussetzungen, die zu einer vollständigen Verfassung gehörten.

© Persen Verlag

Material 8/1
Das politische System der Bundesrepublik Deutschland

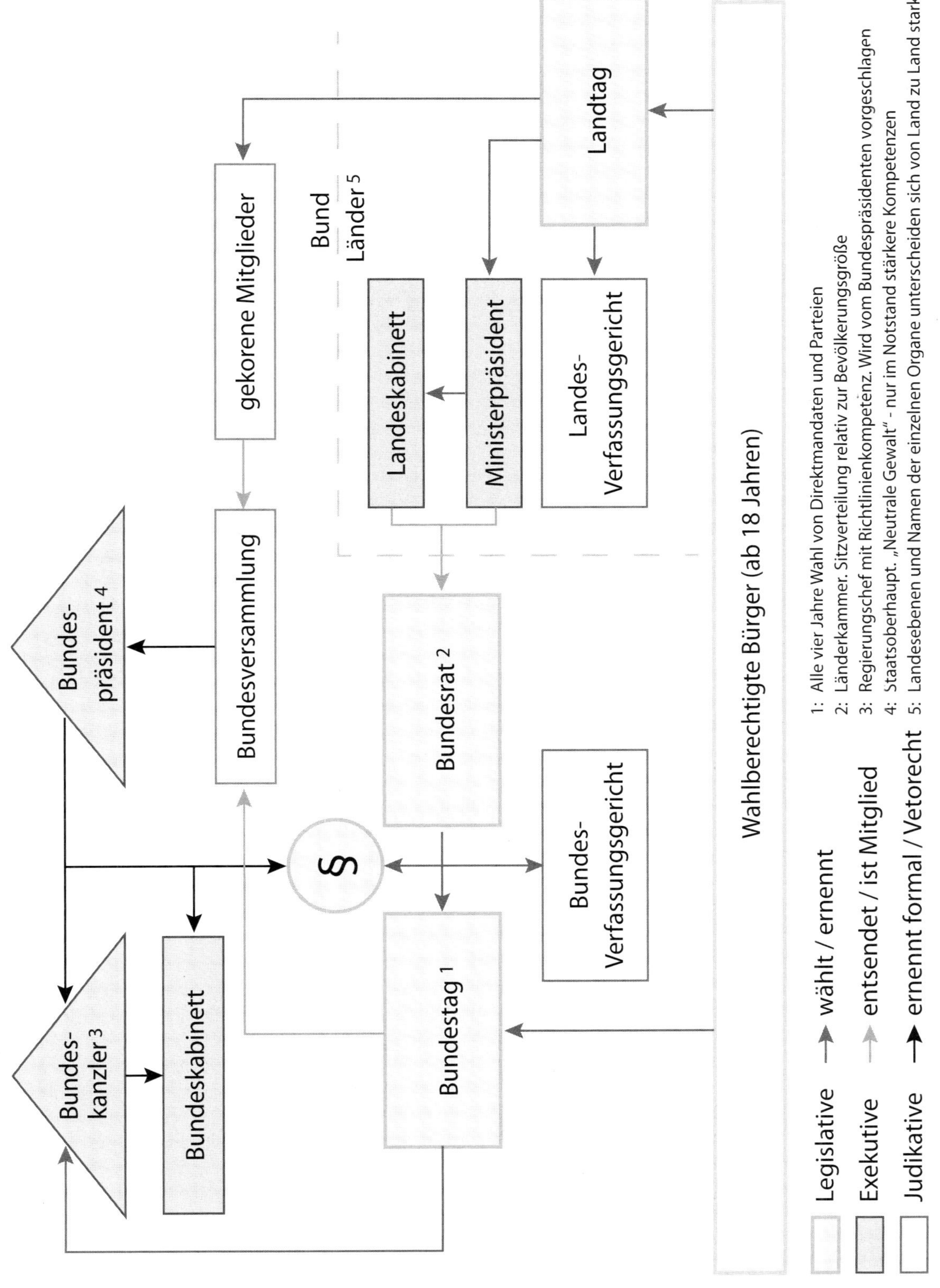

© Persen Verlag

Material 9
Das politische System der Deutschen Demokratischen Republik

Die Deutsche Demokratische Republik wurde am **7. Oktober 1949** gegründet.

Sie war ein sozialistischer Staat, nach dem Prinzip des sogenannten demokratischen Zentralismus organisiert, und war nach dem sowjetischen Kommunismus ausgerichtet.

1946 vereinigten sich in der sowjetischen Besatzungszone die SPD und die KPD auf Druck der UdSSR zur marxistisch-leninistischen SED, der „Sozialistischen Einheitspartei Deutschlands".

Schon **1947** war klar, dass es einen einheitlichen Deutschen Staat nicht geben würde.
Die Vorbereitungen für die Gründung der DDR und der BRD verliefen parallel und gegensätzlich.
Die Siegermächte forcierten dies.

Vom **16. bis 28. September 1949** wurden in Moskau mit der SED Führung alle Einzelheiten für die Gründung der DDR abgestimmt, nachdem der „Dritte Volkskongress" am **28./29. Mai** einen Verfassungsentwurf beschlossen hatte.

Am **7. Oktober** wurde die „Provisorische Volkskammer" gegründet. Sie beschloss die notwendigen „Gesetze" für die Verfassung des neuen Staates.

Die SED war die lenkende und bestimmende Partei der neuen Verfassung und des neuen Staates. Sie wurde von Moskau gesteuert.

Es gab keine freien Wahlen, keine Gewaltenteilung, sondern im kommunistischen Sinne Gewalteneinheit.

Die wesentlichen Institutionen der DDR nach der neuen Verfassung waren die Volkskammer, der Ministerrat und der Staatsrat.

Das politische System der Deutschen Demokratischen Republik

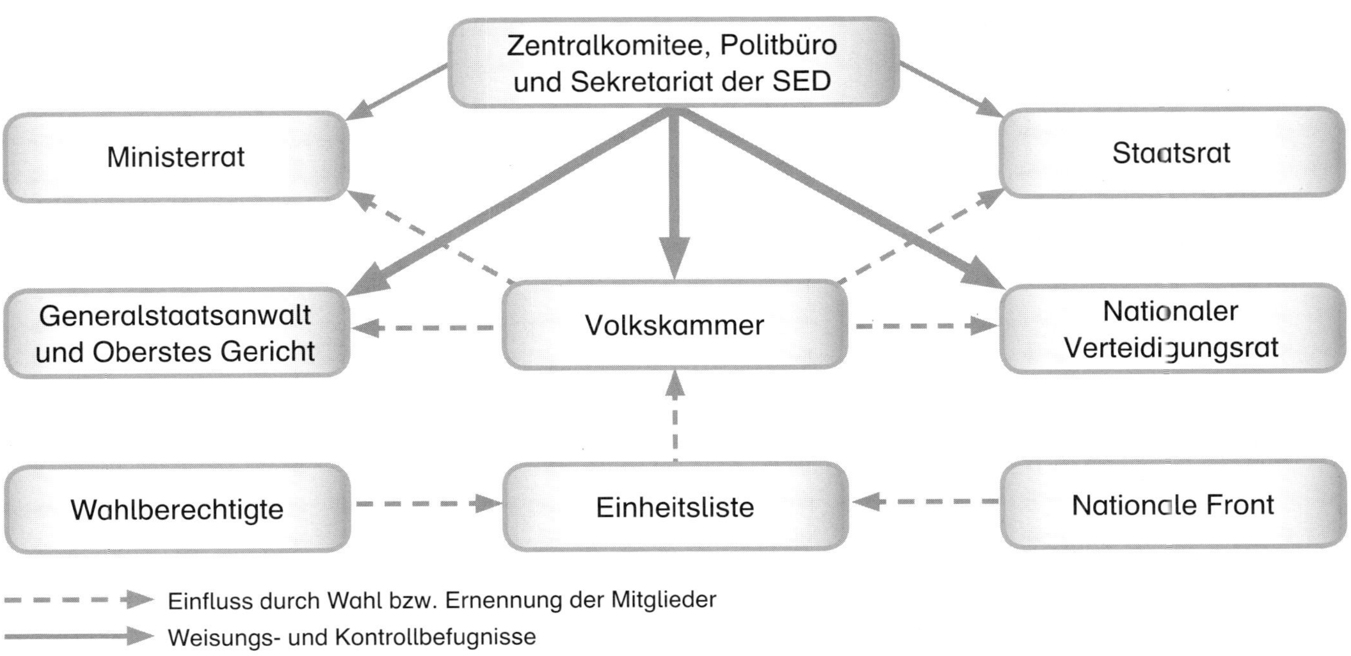

© Persen Verlag

Material 10
Flucht und Vertreibung

Die Massenbewegungen von Bevölkerungsgruppen nach dem Zweiten Weltkrieg haben ihre Ursache in der von Rassismus geprägten nationalsozialistischen Politik und Rassenlehre. Mit Schlagwörtern wie „Volk ohne Raum", „Heim ins Reich" oder auch „Herrenrasse" wurden vor allem in Ost- und Südeuropa ca. 9 Millionen Menschen zwangsweise von den NS-Machthabern umgesiedelt.
Bereits 1943 hatten die Alliierten beschlossen, das europäische „Minderheitenproblem" endgültig zu lösen und Umsiedlungen bzw. Rücksiedlungen durchzusetzen. Bereits gegen Ende des Krieges begann die systematische Vertreibung, die durch die Flucht vor der Roten Armee der UdSSR dramatisch verstärkt wurde.

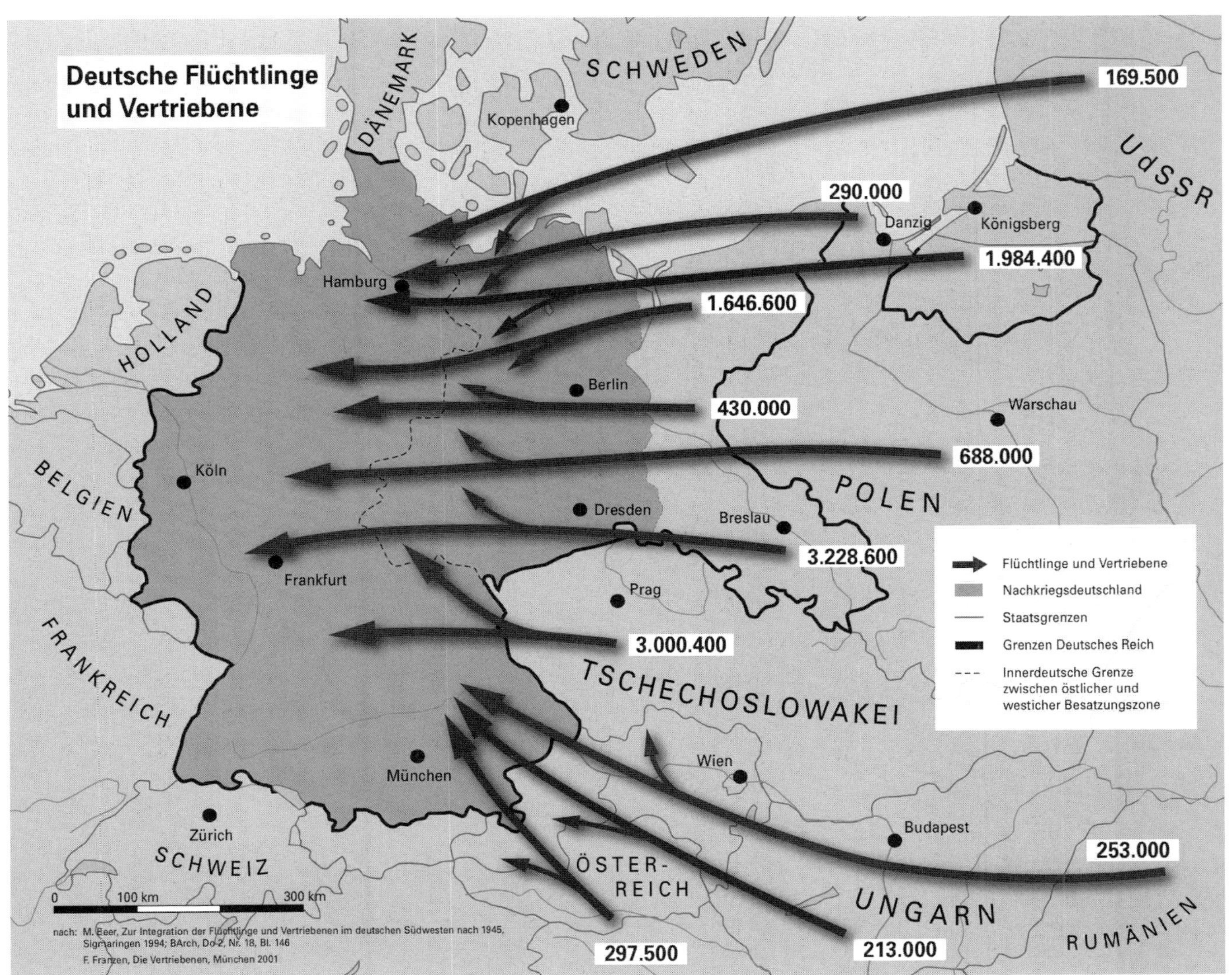

Deutsche Flüchtlinge und Vertriebene © Stiftung Haus der Geschichte der Bundesrepublik Deutschland

Material 11
Europa: politische Gliederung 1939 und zur Zeit des Eisernen Vorhangs 1949

Politische Gliederung Europas 1935 bis 1939

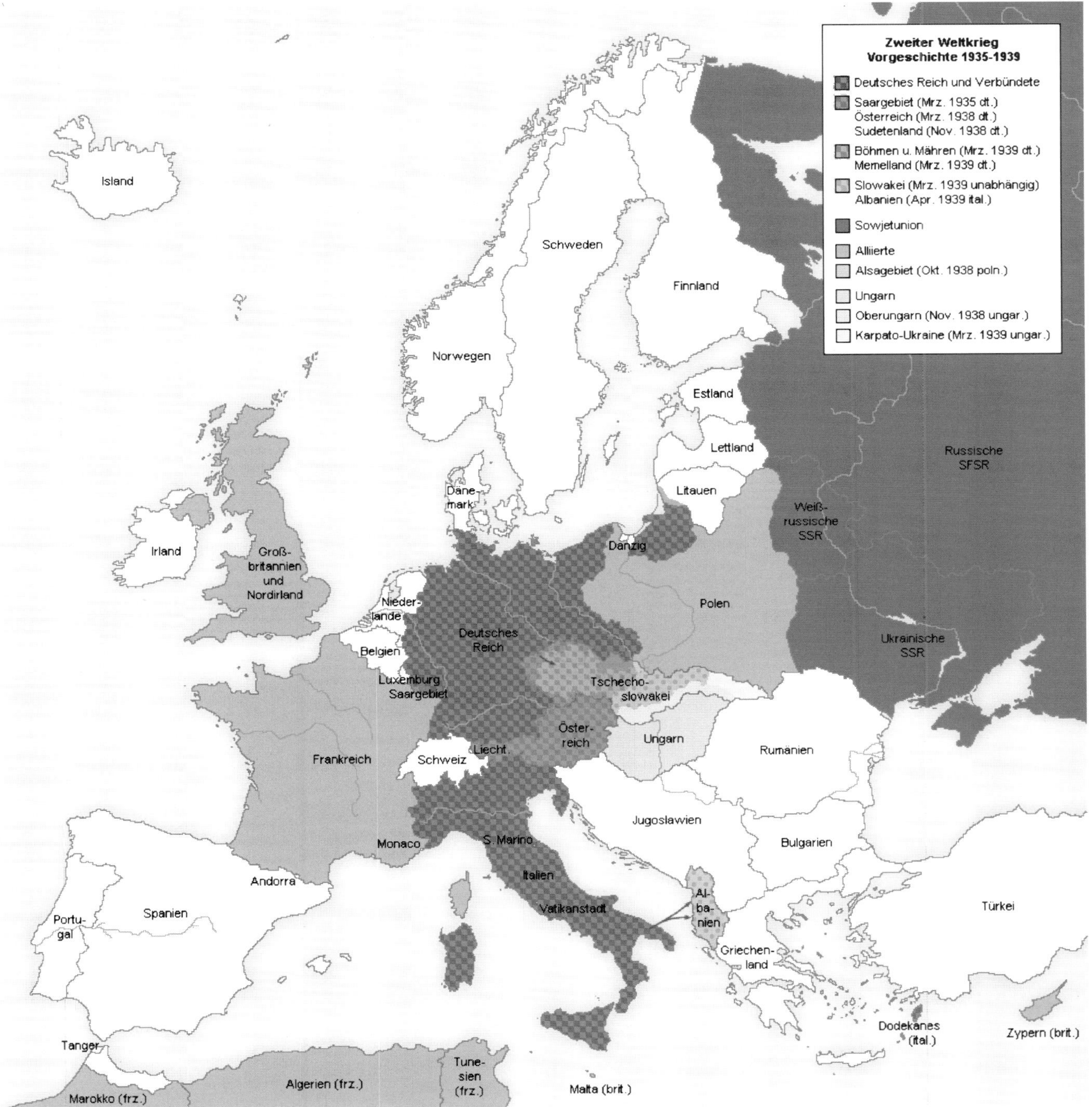

© Persen Verlag

Material 11/1
Europa: politische Gliederung 1939 und zur Zeit des Eisernen Vorhangs 1949

Europa zur Zeit des Eisernen Vorhangs 1949

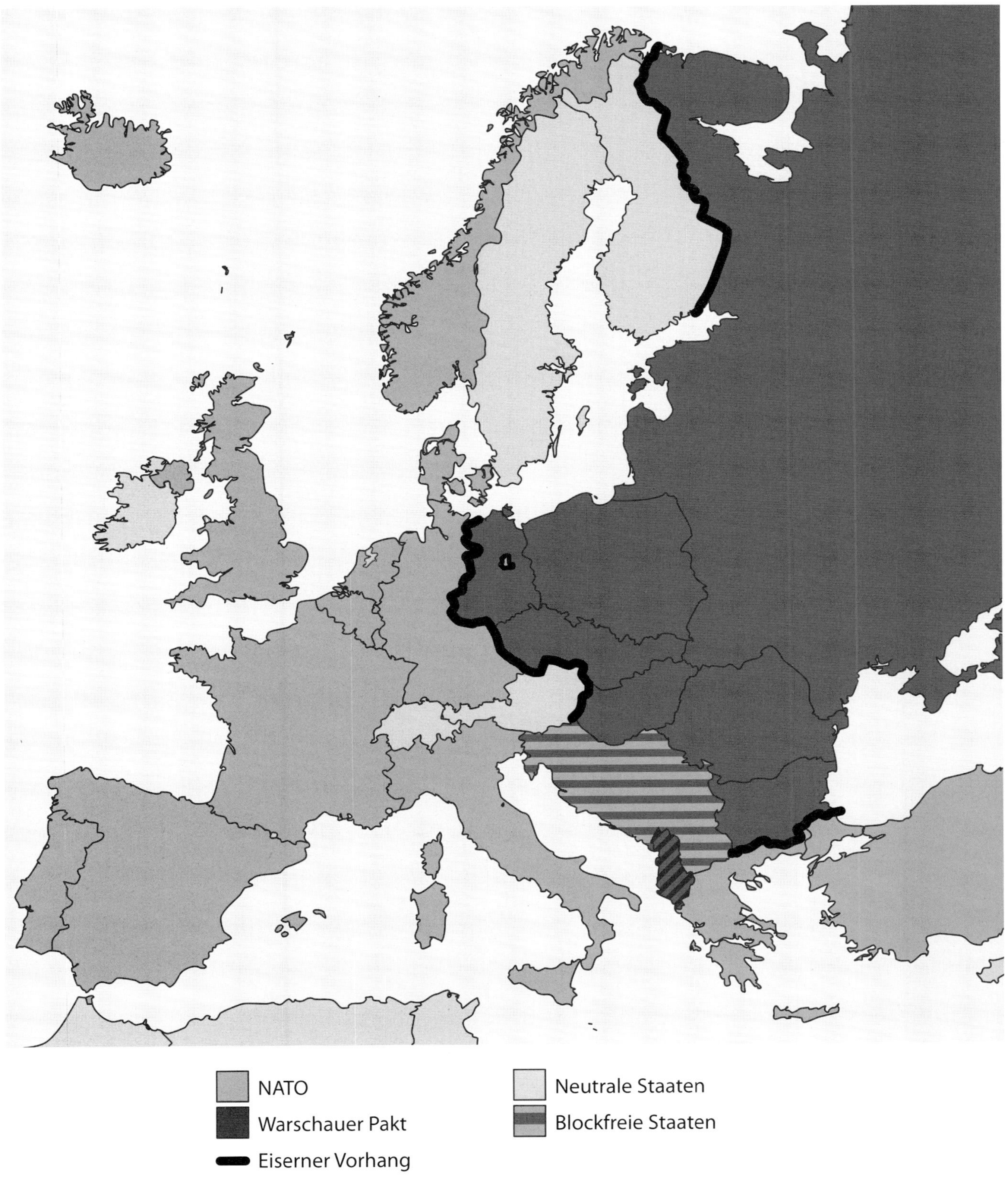

© Persen Verlag

Material

1 Beginn des Atomzeitalters und der Ost-West-Konflikt als wesentliche Merkmale der Politik nach 1945

1.1 Außenpolitik nach 1945 – der Kalte Krieg

1.2 Der Eiserne Vorhang

2 Zwei deutsche Staaten „unter Vorbehalt“

Aufgaben

a Versuche, die Bezeichnung „Kalter Krieg“ zu beschreiben und nenne die Ursachen des Ost-West-Konflikts.

b Welche Funktion hatte der Eiserne Vorhang?
Beschreibe seinen Verlauf durch Europa.

c Weshalb erreichte der Ost-West-Konflikt mit Beginn des Atomzeitalters eine neue, bisher nicht bekannte Eskalationsstufe?

d 1955 schrieb der US-amerikanische Journalist I. F. Stone über den Kalten Krieg und über einen drohenden Atomkrieg als „nationalen Selbstmord, der kein Verteidigungsmittel“ sein könne. Erläutere diese Einschätzung.

e Welche Rolle spielten die BRD und die DDR zu Beginn des Kalten Krieges?

© Persen Verlag

Material 1
Beginn des Atomzeitalters und der Ost-West-Konflikt als wesentliche Merkmale der Politik nach 1945

Material 1.1
Außenpolitik nach 1945 – der Kalte Krieg

Die USA begannen im August 1942 das „Manhattan-Projekt“ als streng geheimes Großforschungsprojekt zum Bau einer neuen Superwaffe – der Atombombe. Als die Gruppe um den US-amerikanischen Physiker deutsch-jüdischer Abstammung, Robert Oppenheimer, die erste Bombe testete, hatte das Nuklearzeitalter begonnen.

Die neue Waffe wurde am 6. und 9. August 1945 auf die japanischen Städte Hiroshima und Nagasaki mit vernichtenden Folgen abgeworfen.

Schon 1943 hatten der US-Präsident Franklin D. Roosevelt und der britische Premierminister Winston Churchill festgelegt, die Atombombe nur in gegenseitigem Einvernehmen anzuwenden. Churchill stimmte dann 1945 den Einsätzen in Hiroshima und Nagasaki ausdrücklich zu.

Die USA waren politisch, wirtschaftlich und militärisch gestärkt aus dem Zweiten Weltkrieg hervorgegangen. Sie hielten das Atombombenmonopol bis 1949.

US-Atombombenabwurf auf Nagasaki 1945. Der Atompilz stieg 18 km hoch.

Die UdSSR hatte nach dem Zweiten Weltkrieg große Probleme mit den Verwüstungen und Zerstörungen. Das Land zählte rund 27 Mio. Kriegsopfer. Dennoch hatte man sich als militärische Supermacht in Europa gefestigt.

Die ideologisch begründeten Spannungen zwischen den Siegermächten wuchsen beständig (Truman-Doktrin, US-Marshallplan, Währungsreform in der BRD 1948, „Zwei-Lager-Theorie“ der UdSSR). Die US-Außenpolitik verfolgte eine langfristige Zusammenarbeit mit Westeuropa, was die BRD einschloss. Es standen sich die politischen Systeme Sozialismus/Kommunismus und freiheitliche Demokratie durch den Eisernen Vorhang getrennt frontal gegenüber. In Deutschland prallten die Konflikte aufeinander: Die sowjetische Besatzungszone (SBZ) und die drei Westzonen wurden systematisch zur erbitterten Konfrontation West gegen Ost in Stellung gebracht. Das zog die militärische Aufrüstung in beiden neuen deutschen Staaten nach sich.

1949 wurde die UdSSR ebenfalls Atommacht und stellte damit das Gleichgewicht der Kräfte wieder her. Doch eine gigantische Aufrüstung insbesondere Mitteleuropas mit einer Vielzahl von Konfliktherden weltweit war weiterhin die Folge.

© Persen Verlag

Material 1.1/1
Außenpolitik nach 1945 – der Kalte Krieg

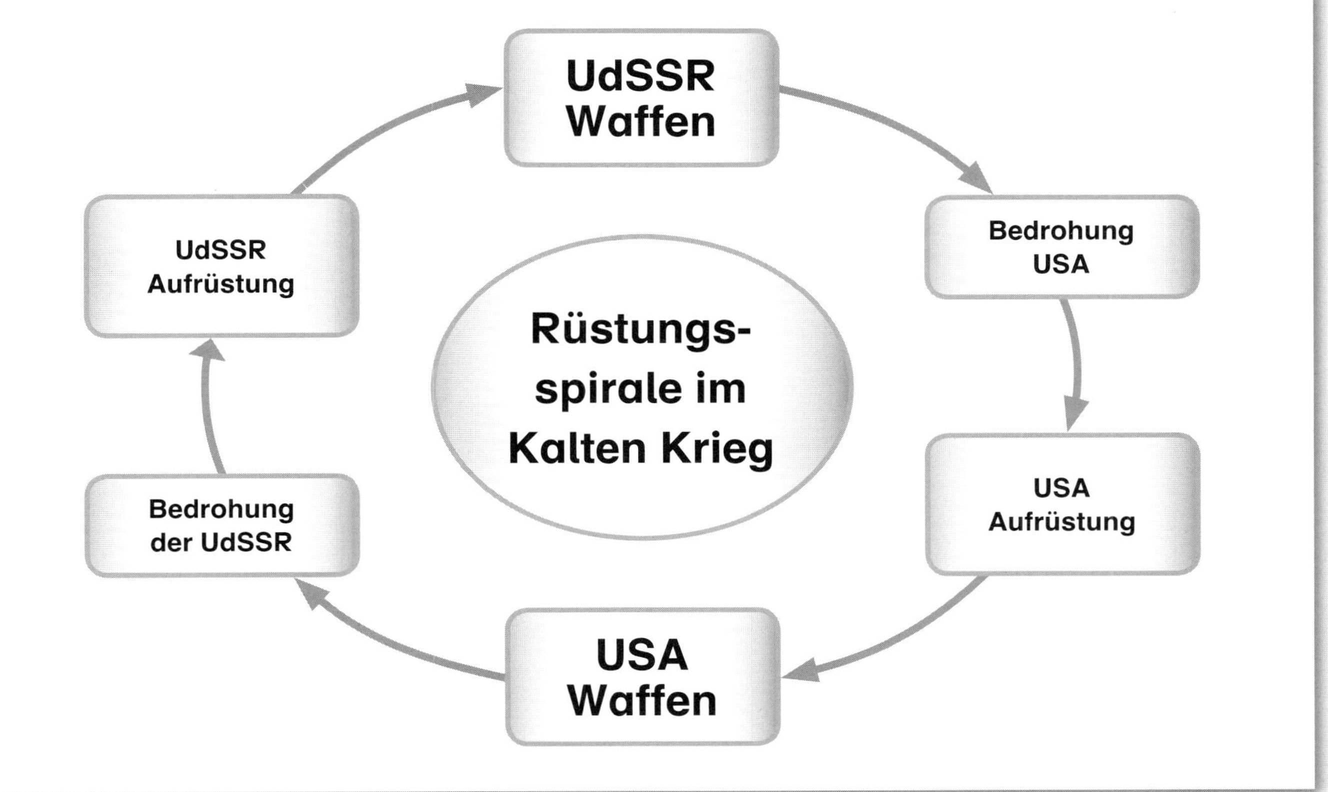

Material 1.2
Der Eiserne Vorhang

Winston Churchill telegrafierte Präsident Harry S. Truman am 12. Mai 1945, die Lage in Europa beunruhige ihn zutiefst, weil der europäische Kontinent für künftige Herausforderungen vor allem zur Abwehr des künftigen russischen Einflusses mit seiner wachsenden Militärmacht nicht mehr ausreichend gerüstet sei. Er betonte, sich immer um die Freundschaft der Russen bemüht zu haben, warf den Sowjets aber u. a. einen zu großen Einfluss auf den Balkan und Griechenland vor. Erstmals sprach Churchill von der Existenz eines „Eisernen Vorhangs" und in seiner am 5. März 1946 an der US-amerikanischen Universität Fulton gehaltene Rede präzisierte er dieses Bild:

Der britische Premierminister Winston Churchill in seinem Arbeitszimmer No 10 Downing Street, London (um 1940)

„Von Stettin an der Ostsee bis hinunter nach Triest an der Adria ist ein Eiserner Vorhang quer durch den Kontinent niedergegangen. Hinter dieser Linie liegen alle Hauptstädte der alten Staaten Zentral- und Osteuropas, Warschau, Berlin, Prag, Wien, Budapest, Belgrad, Bukarest und Sofia. Alle diese berühmten Städte und die Bevölkerung darum liegen in, was ich die sowjetische Sphäre nennen muss. Und alle sind in der einen oder anderen Form nicht nur dem sowjetischen Einfluss unterworfen, sondern in einem sehr hohen und in einigen Fällen wachsenden Grad der Kontrolle Moskaus."

Quellen: Rede Winston Churchill in Fulton/USA, 5. März 1946. In: http://www.chronik-der-mauer.de/180128/rede-von-winston-churchill-in-fulton-usa-5-maerz-1946. Telegram No. 44 from Churchill to President Truman. In: Churchill Archive for Schools, www.churchillarchiveforschools.com.

© Persen Verlag

Material 2
Zwei deutsche Staaten „unter Vorbehalt"

Im Jahr 1949, vier Jahre nach dem Ende des Zweiten Weltkriegs, gründeten die drei Westmächte USA, Großbritannien und Frankreich aus ihren Besatzungszonen einen freiheitlich-demokratischen und marktwirtschaftlich orientierten „Weststaat", die Bundesrepublik Deutschland.

Die Sowjetunion reagierte mit der Gründung der DDR, die Deutsche Demokratische Republik, die als westlicher Vorposten ihres sozialistischen Machtbereichs diente.

Damit gab es zwei deutsche Teilstaaten unter alliiertem Vorbehalt mit eingeschränkten Handlungsmöglichkeiten. Ziel beider Staaten war jedoch die Erlangung der vollen Souveränität.

Die BRD und die DDR wurden zum Konfliktzentrum. Der Eiserne Vorhang war die Grenzziehung im atomaren Gleichgewicht der Kräfte. Damit galt Mitteleuropa durch die militärische Aufrüstung beider Machtgruppen als sehr gefährdet und wurde bis etwa 1962 als Zentralfront aufgefasst. Erst allmählich kamen andere Krisengebiete wie z. B. Korea, Kuba und Vietnam hinzu, die Mitteleuropa als Zentrum des Konflikts teilweise ablösten.

Die BRD und die DDR wurden von den ehemaligen Siegermächten zum Konfliktzentrum erklärt. Der Eiserne Vorhang war die Grenzziehung im atomaren Gleichgewicht der Kräfte. Damit galt Mitteleuropa durch die militärische Aufrüstung beider Machtgruppen als sehr gefährdet und wurde bis etwa 1962 als Zentralfront aufgefasst. Erst allmählich erweiterte sich dies durch andere Krisengebiete wie z. B. Korea, Kongo, Kuba und Vietnam.

© Persen Verlag

Material 2/1
Zwei deutsche Staaten „unter Vorbehalt"

Bundesrepublik Deutschland (BRD)	**Deutsche Demokratische Republik (DDR)**
Ziele: Wiederherstellung der vollen Souveränität, Anbindung an die Westmächte, Überwindung der deutschen Teilung, Freiheitlich-demokratischer Staat	Ziele: Erstellung einer „Volkssouveränität", Einparteienherrschaft, zentralistischer Staatsapparat Ausschaltung innerparteilicher Demokratie und freier Diskussion, zentralistische Planung der Wirtschaft, keinerlei Mitbestimmungsrechte
Besatzungsstatus: Truppenstationierungen der USA, GB und Frankreich	Besatzungsstatus: Truppenstationierungen der UdSSR
militärische Wiederbewaffnung → NATO	militärische Wiederbewaffnung → Warschauer Pakt
Westintegration	Ostintegration

– Abtretung der deutschen Ostgebiete an Polen und die UdSSR –

© Persen Verlag

Material

3 Die Ära Adenauer 1949–1963

4 Westintegration der BRD – Einbindung in NATO, EWG, EU

5 Verhältnis zu Frankreich

Aufgaben

a Nenne die außenpolitischen Grundeinstellungen Konrad Adenauers.
Markiere die entsprechenden Textstellen im Material 3.

b Recherchiere die wichtigsten Ereignisse und außenpolitischen Institutionen auf dem Weg zur Westintegration der BRD von 1949–1963 nach Material 4.
Gib die Bedeutung in Stichworten wieder.

c Welche Politiker waren die Begründer der deutsch-französischen Freundschaft?

d Recherchiere und nenne die Staatsoberhäupter, die in der Zeit nach Konrad Adenauer und Charles de Gaulle die deutsch-französischen Beziehungen fortführten.

e Weshalb kann man das Verhältnis Frankreichs und Deutschlands bis heute als „Motor der Entwicklung Europas“ bezeichnen?

© Persen Verlag

Material 3
Die Ära Adenauer 1949–1963

Konrad Adenauer

geb.1876 in Köln – gest. 1967 in Rhöndorf

in der Weimarer Republik ein Vertreter der katholischen Zentrumspartei

von 1917 bis 1933 Oberbürgermeister von Köln

1945 Mitbegründer der CDU

1946 CDU-Vorsitzender

1949 bis 1963 Bundeskanzler der BRD („Ära Adenauer")

31. Oktober 1945: Aufzeichnung Adenauers „Meine Einstellung zur außenpolitischen Lage"

Anlage zum Schreiben an Heinrich Weitz, Oberbürgermeister von Duisburg

„Russland hat in Händen: die östliche Hälfte Deutschlands, Polen, den Balkan, anscheinend Ungarn, einen Teil Österreichs.

Russland entzieht sich immer mehr der Zusammenarbeit mit den andern Großmächten und schaltet in den von ihm beherrschten Gebieten völlig nach eignem Gutdünken. In den von ihm beherrschten Ländern herrschen schon jetzt ganz andere wirtschaftliche und politische Grundsätze als in dem übrigen Teil Europas.

Damit ist eine Trennung in Osteuropa, das russische Gebiet, und Westeuropa eine Tatsache. In Westeuropa sind die führenden Großmächte England und Frankreich. Der nicht von Russland besetzte Teil Deutschlands ist ein integrierender Teil Westeuropas. Wenn er krank bleibt, wird das von schwersten Folgen für ganz Westeuropa, auch für England und Frankreich sein. Es liegt im eigensten Interesse nicht nur des nicht von Russland besetzten Teiles Deutschlands, sondern auch von England und Frankreich, Westeuropa unter ihrer Führung zusammenzuschließen, den nicht russisch besetzten Teil Deutschlands politisch und wirtschaftlich zu beruhigen und wieder gesund zu machen.

Eine Lostrennung Rheinlands und Westfalens von Deutschland dient diesem Zwecke nicht, sie würde das Gegenteil herbeiführen. Man würde eine östliche politische Orientierung des nichtrussisch besetzten Teiles Deutschlands herbeiführen.

Dem Verlangen Frankreichs und Belgiens nach Sicherheit kann auf die Dauer nur durch wirtschaftliche Verflechtung von Westdeutschland, Frankreich, Belgien, Luxemburg, Holland wirklich Genüge geschehen. Wenn England sich entschließen würde, auch an dieser wirtschaftlichen Verflechtung teilzunehmen, so würde man dem doch so wünschenswerten Endziele ‚Union der westeuropäischen Staaten' ein sehr großes Stück näherkommen. Zum staatsrechtlichen Gefüge des nicht von Russland besetzten Teiles Deutschlands: Ein vernünftiges staatsrechtliches Gefüge besteht zur Zeit überhaupt nicht, es muss wiederhergestellt werden. Die Schaffung eines zentralisierten Einheitsstaates wird nicht möglich, auch nicht wünschenswert sein, der staatsrechtliche Zusammenhang kann lockerer sein als früher, etwa in der Form eines bundesstaatlichen Verhältnisses."

Quelle: Konrad Adenauer: Briefe über Deutschland 1945–1955. Eingeleitet und ausgewählt von Hans Peter Mensing aus der Rhöndorfer Ausgabe der Briefe. München 1999, S. 30 f.

© Persen Verlag

Material 4
Westintegration der BRD – Einbindung in NATO, EWG, EU

5.6.1945
Aufteilung in vier Besatzungszonen, Übernahme der Regierungsgewalt durch die Alliierten

16.4.1949
Gründung Organisation für Europäische
Wirtschaftliche Zusammenarbeit

28.4.1949
Ruhrstatut

23.5.1949
Verkündung Grundgesetz
Gründung Bundesrepublik Deutschland

14.8.1949
Erste Bundestagswahl

21.9.1949
Besatzungsstatut, Verhältnis BRD zu Besatzungsmächten USA, GB, Frankreich

22.11.1949
Petersberger Abkommen

6.3.1951
Revision Besatzungsstatut

18.4.1951
Gründung Montanunion (Gemeinschaft f. Kohle und Stahl)

2.5.1951
Europarat, Vollmitgliedschaft BRD

9.7.1951/13.7.1951/19.10.1951
Beendigung Kriegszustand mit Westmächten

26.5.1952
Deutschlandvertrag

23.10.1954
Pariser Verträge

23.10.1954
Beitritt Westeuropäische Union

5.5.1955
Aufhebung Besatzungsstatut

6.5.1955
Beitritt Nordatlantikpakt NATO

25.3.1957
Europäische Wirtschaftsgemeinschaft EWG (Römische Verträge),
Gründung Europäische Atomgemeinschaft EURATOM

22.1.1963
Deutsch-Französischer Vertrag

© Persen Verlag

Material 5
Verhältnis zu Frankreich

Zu den großen Verdiensten der Politik Konrad Adenauers zählen

- **die konsequente Westanbindung (Westintegration) und**
- **die Aussöhnung einschließlich der immer enger werdenden Zusammenarbeit bis hin zur verbrieften Freundschaft mit Frankreich.**

Beide Aspekte waren seinerzeit in der Bevölkerung umstritten und hatten zu teilweise heftigen innenpolitischen Kontroversen geführt. Die Unterzeichnung des Vertrages über die zukünftige Zusammenarbeit zwischen Deutschland und Frankreich vom 22. Januar 1963 besiegelte die freundschaftlichen Beziehungen zu Frankreich und beendeten einen seit rund 500 Jahren bestehenden Konflikt mit mehr als 20 kriegerischen Auseinandersetzungen – die zwei großen Weltkriege eingeschlossen.

Deutschland und Frankreich sind heute nachhaltig befreundete Nachbarstaaten, die in Politik, Wirtschaft und in Gesellschaft sowie kulturell beste Beziehungen pflegen.

Gemeinsam waren und sind sie der „Motor Europas“ zur Festigung und Weiterentwicklung des großen Nachkriegsfriedensprojekts „Europäische Union“.

Charles de Gaulle und Konrad Adenauer (rechts), die Begründer der deutsch-französischen Freundschaft im Jahr 1958 in Bonn

© Persen Verlag

Material

6 Aufbau Sozialismus und Ostintegration der DDR

7 17. Juni 1953

8 Mauerbau 1961

8.1 Fluchtbewegung aus der DDR in den Westen 1949–1961

8.2 „Niemand hat die Absicht, eine Mauer zu errichten!“

9 Politische Probleme Walter Ulbrichts

10 Sozialismus Erich Honeckers

Aufgaben

a Beurteile die Verfassung der DDR im Lichte der Aufgaben und Funktionen der SED.

b Aus welchem Grund erwies sich die Ostintegration der DDR im Gegensatz zur Westintegration der BRD als relativ problemlos?

c Beschreibe das Verhältnis der DDR zur UdSSR bis 1980.

d Welche Hintergründe führten zum Aufstand am 17. Juni 1953?

e Welche Hintergründe führten zum Mauerbau vom 13. August 1961?
Erläutere das Material 8.1.

f Beurteile Walter Ulbrichts Aussage „Niemand hat die Absicht, eine Mauer zu errichten!“
auf der Pressekonferenz vom 15. Juni 1961.

g Welche Folgen ergaben sich durch den Mauerbau und das Schließen der Grenzen für die Menschen, vor allem in Berlin?

h Welche politischen Folgen hatte der Mauerbau für Westberlin?

i Fasse die Politik der „Ära Ulbricht“ zusammen und beurteile sie.

j Beschreibe die neue Ausrichtung der Politik durch Erich Honecker und beurteile sie.

© Persen Verlag

Material 6
Aufbau Sozialismus und Ostintegration der DDR

Die alles entscheidende politische Kraft in der DDR war die SED, die nicht nur sämtliche staatlichen Organe (Volkskammer, Staatsrat, Ministerrat) kontrollierte. Die Sozialistische Einheitspartei Deutschland bestimmte auch Wirtschaft, Verwaltung, Justiz, Militär und griff tief in das Privatleben der Menschen ein.

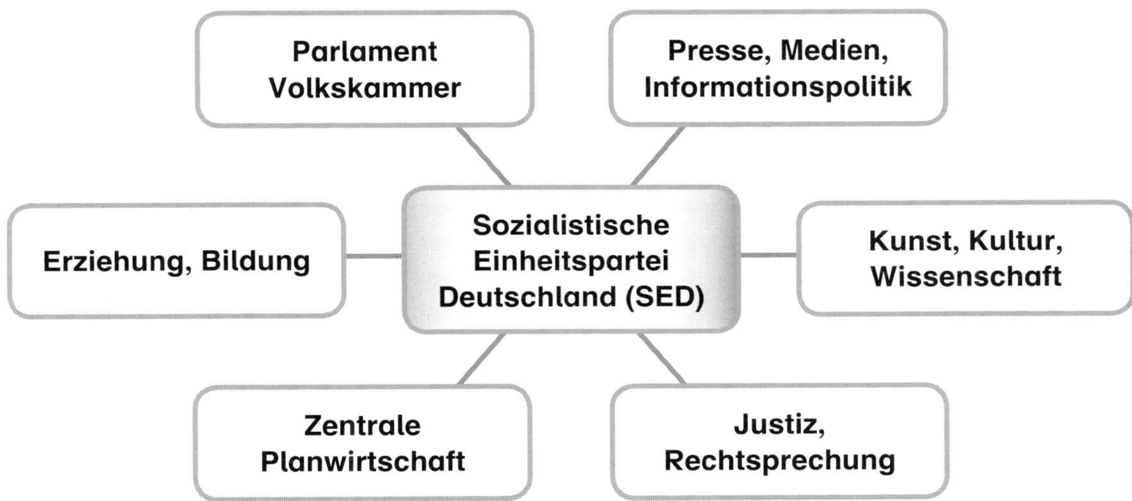

Der führende Politiker in der DDR war der Altkommunist Walter Ulbricht. Im Juli 1950 wurde er zunächst Generalsekretär der SED und am 17. Juni 1953 Erster Sekretär des ZK (Zentralkomitee) bis 1971. Unter Ulbricht wurde die Umgestaltung der politischen, wirtschaftlichen und gesellschaftlichen Ordnung der DDR nach dem Vorbild der Sowjetunion vorbereitet und vollzogen. Die Ostintegration gelang im Gegensatz zum Aufbau des Sozialismus im Inneren relativ problemlos. Die DDR wurde Gründungsmitglied des Warschauer Pakts und konnte sich anschließend international eine relativ gefestigte Position aufbauen. Die UdSSR stationierte Truppen in der DDR, ließ sich aber die Kosten dafür vom SED-Staat erstatten. Politisch hatten die DDR-Politiker nur geringe Spielräume, denn durch den Besatzungsstatus übte die UdSSR ihren Einfluss aus. Nach dem Aufstand am 17. Juni 1953 stabilisierte und beruhigte sich die innenpolitische Situation bis 1961 nur vordergründig, denn die Flüchtlingszahlen stiegen beständig und zogen erhebliche wirtschaftliche Probleme nach sich. Der Mauerbau am 13. August 1961 sollte dieser Entwicklung einen Riegel vorschieben.

Aufgrund zunehmender Probleme mit der UdSSR, er sah die DDR auf einem eigenständigen Weg, musste Walter Ulbricht am 3. Mai 1971 von seinem Amt als Erster Sekretär des ZK der SED zurücktreten. Sein Nachfolger wurde Erich Honecker.

Der „Neue Kurs" der SED Anfang Juni 1953:

Planmäßiger Aufbau des Sozialismus +++ Aufbau der Streitkräfte +++ Jugendliche sollen Arbeitsdienst leisten +++ Christliche Schüler und Studenten sollen von höheren Bildungseinrichtungen verwiesen werden +++ Enteignung der Bauern durch Bildung Landwirtschaftlicher Produktionsgenossenschaften (LPGs) +++ Neue Steuergesetze für Handwerk und Gewerbe +++ Streichung der Lebensmittelkarten +++ Anhebung der Lebensmittelpreise +++ Zuchthausstrafen schon bei kleineren Rechtswidrigkeiten +++ Förderung der Schwerindustrie und Drosselung der Konsumgüterproduktion +++ Erhöhung der Arbeitsnormen

© Persen Verlag

Material 7
17. Juni 1953

Seit 1952 verschlechterte sich die wirtschaftliche Lage in der DDR erheblich, wodurch die Versorgung der Bevölkerung immer schwieriger wurde und die Unzufriedenheit der Menschen in der DDR wuchs.

Der Anfang Juni 1953 verkündete „Neue Kurs“ der SED zur Verbesserung der Wirtschaft und Lockerung der politischen Verhältnisse verschärfte die Spannungen. Ausgehend von Arbeitsniederlegungen der Bauarbeiter in Berlin am 15. und 16. Juni entwickelten sich sehr schnell landesweite Demonstrationen und Proteste, die zu handfesten Volksaufständen wurden und mehr als 700 Orte der DDR erfassten.

Die Sowjetische Besatzungsmacht verhängte den Ausnahmezustand, verkündete das Kriegsrecht und schlug mit militärischen Mitteln den Aufstand nieder. Mehr als 50 Todesopfer waren zu beklagen. Bereits einen Tag nach den Aufständen wurden diese von den SED-Machthabern als „faschistisch gesteuert und provoziert“ dargestellt.

Sowjetischer Panzer rollt 1953 durch Leipzig am Reichsgericht vorbei

Gedenktafel für Alfred Diener am Holzmarkt in Jena

© Persen Verlag

Material 8
Mauerbau 1961

Material 8.1
Fluchtbewegung aus der DDR in den Westen 1949–1961

In der Bundesrepublik und Westberlin registrierte Flüchtlinge aus der DDR bzw. Antragsteller im Notaufnahmeverfahren			
Jahr	**Über West-Berlin**	**Innerdeutsche Grenze und Ausland**	**Insgesamt**
1949	193 227	299 454	129 245
1950			197 788
1951			165 648
1952	118 300	64 093	182 393
1953	305 737	25 653	331 390
1954	104 399	79 799	184 198
1955	153 693	99 177	252 870
1956	156 377	122 812	279 189
1957	129 579	132 043	261 622
1958	119 552	84 540	204 092
1959	90 862	53 055	143 917
1960	152 291	46 897	199 188
bis 13.08.1961	125 053	30 349	155 402
Gesamt	1 649 070	1 037 872	2 686 942

Quelle: Die Mauer und ihr Fall. In: Presse- und Informationsamt des Landes Berlin, 1996.

Material 8.2
„Niemand hat die Absicht, eine Mauer zu errichten!"

Internationale Pressekonferenz des Staatsratsvorsitzenden der DDR, Walter Ulbricht, am 15. Juni 1961 in Ost-Berlin

In dieser Konferenz fragte die Journalistin Annamarie Doherr von der Frankfurter Rundschau, ob die Staatsgrenze künftig am Brandenburger Tor errichtet werde. Walter Ulbricht antwortete, ihm sei nicht bekannt, dass eine solche Absicht bestehe und niemand die Absicht habe, eine Mauer zu errichten. Man sei für vertragliche Regelung der Beziehungen zwischen Westberlin und der Regierung der Deutschen Demokratischen Republik. Die Staatsgrenze verlaufe an der Elbe und das Territorium Westberlins gehöre zum Gebiet der Deutschen Demokratischen Republik. Aber es bestehe „ein Unterschied zwischen den Regelungen, die für die Staatsgrenze mit Westdeutschland gelten, und den Regelungen, die für Berlin getroffen werden".

Vgl.: Dokumente zur Deutschlandpolitik IV/6 (1961), S. 925 ff.

© Persen Verlag

Material 8.2/1
„Niemand hat die Absicht, eine Mauer zu errichten!"

Am 13. August 1961 – nur zwei Monate nach der Pressekonferenz – hat Walter Ulbricht die Berliner Mauer errichten lassen.

Ulbricht wollte verhindern, dass weiterhin Tausende über die offenen Grenzen in die BRD fliehen und damit die wirtschaftlichen Probleme der DDR weiter verschärfen würden.

Die UdSSR, namentlich Nikita Chruschtschow, Regierungschef der UdSSR von 1958 bis 1964, hatte eigentlich das Ziel, den Abzug der US-amerikanischen, britischen und französischen Truppen aus Westberlin zu erreichen. Der Westteil der Stadt sollte neutral werden. Erst als dies endgültig am US-amerikanischen Präsidenten J. F. Kennedy scheiterte, war der Weg für Ulbricht frei, die Berliner Mauer zu errichten.

Die Folge war:
Es gab keine Möglichkeit mehr, einfach in den Westen überzusiedeln. Viele Menschen haben aufgrund des eingerichteten „Schießbefehls" beim Fluchtversuch ihr Leben verloren.

Berliner Mauer vor dem Brandenburger Tor, 1961

© Persen Verlag

Material 9
Politische Probleme Walter Ulbrichts

Harmonie in der Öffentlichkeit der DDR: Erich Honecker (links) und Walter Ulbricht (rechts) beim Staatsbesuchs des tschechoslowakischen Generalsekretärs Gustav Husak im Juni 1971. Einen Monat zuvor hatte Ulbricht sein Amt auf Druck Breschnews an Honecker abtreten müssen.

Der Mauerbau im August 1961 wurde im Ausland durchweg als ein Akt der Willkür und als Beleg für die Unmenschlichkeit des DDR-Regimes bewertet.

Doch es gelang Walter Ulbricht in der Folgezeit, das System wirtschaftlich und politisch flexibler zu gestalten und zu festigen. Ulbricht reklamierte daraufhin das „Modell DDR“ als nachahmenswertes Vorbild für Industriegesellschaften.

Trotzdem blieb Ulbricht unbeliebt. Er wurde in der breiten Bevölkerung lediglich notgedrungen akzeptiert.

Mitte der 60er-Jahre gab es zunehmend Konflikte mit der UdSSR. Ulbrichts abweichende ideologische, wirtschaftspolitische und unterschiedliche Vorstellungen zur Deutschlandpolitik – ohne ausreichenden Rückhalt in der SED – waren die Ursachen.

Man warf ihm gesteigertes Selbstbewusstsein und Selbstüberschätzung vor.

Als sich die Probleme Ende 1970 verschärften, forderte der sowjetische Parteichef der UdSSR, Leonid Breschnew, Ulbricht zum Rücktritt auf. Am 3. Mai 1971 wurde Erich Honecker sein Nachfolger und die „Ära Ulbricht“ war Geschichte.

© Persen Verlag

Material 10
Sozialismus Erich Honeckers

Erich Honecker galt bereits lange vor 1971 als potenzieller Nachfolger Walter Ulbrichts. Viele Meinungsverschiedenheiten zwischen den beiden prägten die letzten Amtsjahre Ulbrichts.

Mit dem Amtsantritt Honeckers am 3. Mai 1971 gab es viele Veränderungen:

Kommunistische Ideologie und Politik wurden wieder zu endgültig bestimmenden Größen für alle Bereiche der DDR wie Technik, Wirtschaft, Wissenschaft, Gesellschaft, Kunst und Kultur. Die SED sollte mit der KPdSU und die DDR mit der UdSSR in „ewiger Freundschaft" verbunden werden. Die BRD wurde als ausländischer Staat angesehen, mit dem zwar ein Grundlagenvertrag abgeschlossen wurde, von dem man sich aber eindeutig weltanschaulich abgrenzte.

Außenpolitisch erreichte man die völkerrechtliche Anerkennung. Die meisten Staaten der Welt nahmen diplomatische Beziehungen zur DDR auf. BRD und DDR wurden Mitglieder der Vereinten Nationen.

Ab Mitte bis Ende der 80er-Jahre gab es eine vorsichtige Annäherung an die BRD.

1981 trafen sich Erich Honecker und Bundeskanzler Helmut Schmidt. 1987 gab es eine Zusammenkunft mit Bundeskanzler Helmut Kohl.

Am 18. Oktober 1989 – zehn Tage nach den Feierlichkeiten anlässlich des 40-jährigen Bestehens der DDR – wurde Honecker entmachtet. Egon Krenz, Zögling Honeckers, übernahm die SED-Führung, um die DDR zu reformieren.

Doch das kritische Volk witterte die Morgenluft der Freiheit und bereitete der DDR mit Demonstrationen („Wir sind das Volk!") ein jähes Ende.

Staats- und Parteichef Erich Honecker und Bundeskanzler Helmut Schmidt 1975 auf der Helsinki-Konferenz über Sicherheit und Zusammenarbeit (KSZE)

© Persen Verlag

17

Material

11 Krisen im Kalten Krieg

12 Berlinkrisen

13 Koreakrieg: Beschleuniger der Wiederbewaffnung Deutschlands

14 Kubakrise

15 Vietnamkrieg

16 Zweiter Kalter Krieg: Manöver „Able Archer“

Aufgaben

a Was ist ein Stellvertreterkrieg?
Erkläre.

b Beschreibe die weltweiten Auswirkungen des Kalten Krieges nach Material 11.

c „Berlin“, „Korea“, „Kuba“, „Vietnam“: Konflikte, Krisen und Kriege mit vergleichbaren Ursachen. Welche?

d Warum wollte die Sowjetunion die Entmilitarisierung Westberlins erreichen?

e Der Bau der Berliner Mauer 1961 war ursprünglich nicht vorgesehen.
Was war die eigentliche Absicht der Sowjets?

f Weshalb war der Koreakrieg Beschleuniger für die Wiederbewaffnung der BRD?

g Warum war die Bedrohung für die USA so groß, dass sie nicht hinnehmbar war?

h Der Vietnamkrieg war ein weiterer Stellvertreterkrieg im Kalten Krieg.
Begründe.

i Warum war der Großteil der US-Bevölkerung gegen den Krieg in Vietnam und warum sank die Moral der Soldaten extrem?

j Warum hat man bei größeren Militärmanövern nach „Able Archer“ den Warschauer Pakt vorher informiert?

k Der Bundestag der BRD hat nach dem Scheitern der Verhandlungen zum NATO-Doppelbeschluss der Stationierung von Pershing II Raketen in der BRD zugestimmt, obwohl es massivste Proteste in der europäischen und deutschen Bevölkerung gab.
Beurteile die Entscheidung des Bundestages vom 22. November 1983.

l Was bedeutete die „Doppel-Nulllösung“ von 1987?

© Persen Verlag

Material 11
Krisen im Kalten Krieg

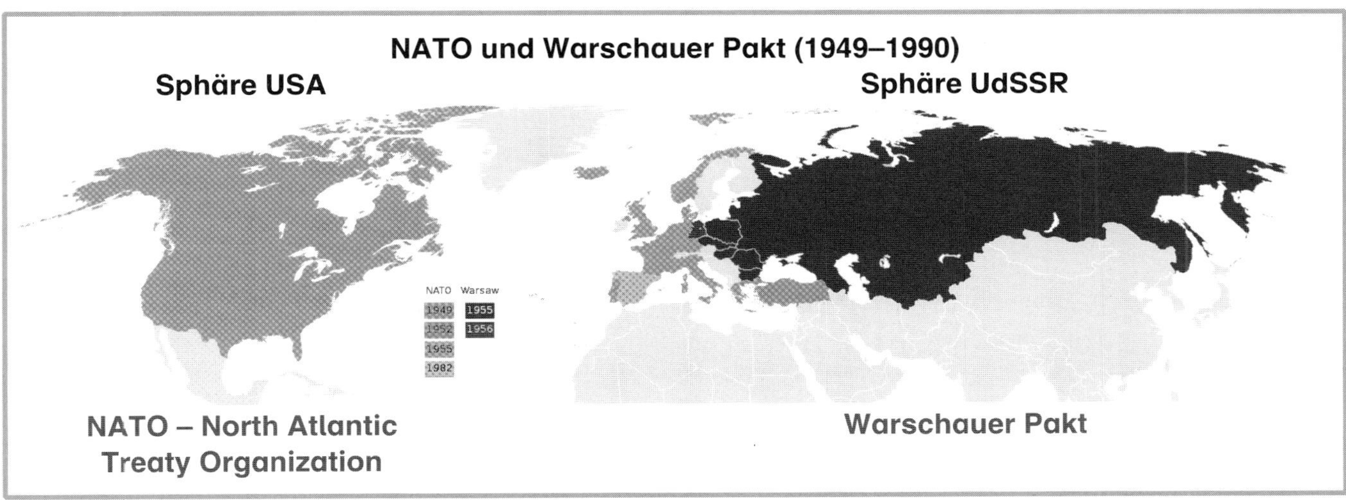

Der Zeitraum nach dem Zweiten Weltkrieg bis 1990 wird als „Kalter Krieg" bezeichnet. Die westlichen Siegermächte, allen voran die USA, und die Sowjetunion standen sich – nachdem sie gemeinsam Hitler-Deutschland besiegt hatten – nun für die Wahrnehmung ihrer ideologisch begründeten Interessen politisch und militärisch frontal gegenüber. Der Begriff „Kalter Krieg" ist ein Ausdruck für die politischen Spannungen im Ost-West-Konflikt, der ab 1947 mit der Truman-Doktrin der USA seine strategische Grundlage erhielt. Mit der Folge, dass die Westmächte unter Führung der USA die NATO und der Ostblock unter Führung der UdSSR den Warschauer Pakt gründeten. Die direkte militärische Konfrontation wurde zwar vermieden, doch in sogenannten Stellvertreterkriegen mischten sich die Supermächte weltweit in Krisen ein, um den Einfluss gegenseitig einzudämmen.

Die Entwicklung der Wasserstoffbombe in den 50er-Jahren durch die USA und die UdSSR vervielfachte das militärische Zerstörungspotenzial. Der Ost-West-Konflikt dominierte die internationale Politik bis zum Ende der 80er-Jahre und führte nicht selten an den Rand eines Atomkrieges.

Krisen im Kalten Krieg:

1948–1949	Erste Berlinkrise (Berlin-Blockade)
1950–1953	Koreakrieg
1956	Ungarnaufstand
1958–1961	Zweite und dritte Berlinkrise, U-2-Affäre und Mauerbau 1961
1962	Kubakrise
1955–1975	Vietnamkriege (1964 Eintritt USA)
1983	NATO-Übung „Able Archer" – die Simulierung eines Atomkriegs

Erst durch die politischen Veränderungen im Zuge der Auflösung der Sowjetunion 1991 wurde der Ost-West-Konflikt und somit der Kalte Krieg beigelegt. Die Welt atmete auf.

Atommächte 2018 sind USA, Russland, Großbritannien, Frankreich, China, Israel, Indien, Pakistan und Nordkorea. Aus Sorge vor Russland sind US-Atomwaffen mit Option der „nuklearen Teilhabe" in Büchel (BRD) stationiert. Weltweit gibt es laut Friedensforschungsinstitut Sipri (2012) rund 19000 Atomwaffen.

© Persen Verlag

Material 12
Berlinkrisen

Alle drei Krisen Berlins waren auf Konfrontation der Supermächte in der Stadt zurückzuführen.

Berlin war nach 1945 eine unter den Siegermächten in vier Sektoren aufgeteilte Stadt mit militärischer Präsenz. Die Stadt war zweigeteilt in den sowjetischen Ostsektor und den Westsektor, der durch drei Bezirke gebildet wurde. Die Sowjetunion wollte von Anbeginn den Besatzungsstatus der Westzonen aufheben und den Truppenabzug erreichen.

Die erste Krise 1948/49 ergab sich durch eine totale Blockade Westberlins durch die Sowjets infolge der Währungsreform und Einführung der Deutschen Mark (DM) auch in den Westberliner Sektoren. Die Westmächte reagierten mit der legendären „Luftbrücke" und stellten damit die Versorgung der Bevölkerung in Westberlin sicher.

Berliner beobachten die Landung eines US-amerikanischen „Rosinenbombers" auf dem Flughafen Tempelhof, 1948

Die zweite Krise begann am 27. November 1958, als Nikita Chruschtschow die Westmächte und hauptsächlich die USA aufforderte, alle Truppen aus Westberlin abzuziehen und Westberlin zu einer freien, entmilitarisierten Stadt zu machen. Verschiedene Versuche, die Krise diplomatisch zu lösen, scheiterten. Sie wurde sogar erheblich verschärft, als über Russland ein US-amerikanisches Spionageflugzeug abgeschossen wurde (die „U-2-Affäre"). Im Februar 1960 wurde Frankreich nach erfolgreichen Tests Nuklearmacht. Auch dies spielte eine Rolle, denn es stärkte die Westmächte und verhinderte zunächst eine weitere Verschärfung der Krise.

Die dritte Krise vom August 1961 war dann die sogenannte „Mauerkrise". Sie wurde durch den Mauerbau und Grenzabsperrungen in Westberlin ausgelöst. Der neue US-amerikanische Präsident John F. Kennedy hatte sich zum Status von Berlin bekannt und drohte mit Krieg. Es blieb aber bei Konfrontationen der Panzerverbände in Berlin.

© Persen Verlag

Material 13
Koreakrieg: Beschleuniger der Wiederbewaffnung Deutschlands

Der Koreakrieg vom Juni 1950 bis Juli 1953 gilt als erster Stellvertreterkrieg im Kalten Krieg und hat eine lange Vorgeschichte.

Nach dem japanisch-russischen Krieg von 1904/5 war Korea bis 1945 eine japanische Kolonie.

Nach dem Zweiten Weltkrieg wurde Korea von den Siegermächten USA und UdSSR besetzt. Das Land wurde am 38. Breitengrad geteilt. Der Nordteil wurde kommunistisch, der Südteil demokratisch.

1949 gründete Mao Tse-tung den kommunistischen Nachbarstaat Volksrepublik China, der Nordkorea zusammen mit der UdSSR auch militärisch unterstützte.

Als der militärisch stärkere Norden Südkorea 1950 angriff, erteilten die Vereinten Nationen den USA (und anderen Staaten) ein Mandat zur militärischen Unterstützung des Südens. Zuerst wurden die Truppen Nordkoreas zurückgedrängt, dann drängten chinesische Truppen die UN-Truppen wieder bis zum 38. Breitengrad zurück.

Als direkte Folge des Konflikts beschlossen die Westmächte die Wiederbewaffnung der BRD und die Mitgliedschaft in der NATO.

Geografisch ist die Situation bis heute unverändert, politisch ebenfalls: Nordkorea ist kommunistisch, Südkorea demokratisch. Nordkorea ist Atommacht und damit nach wie vor eine für den Weltfrieden gefährliche Konfliktregion.

Das in Nord- und Südkorea geteilte Korea

© Persen Verlag

Material 14
Kubakrise

23. Oktober 1962, New York:
800 Frauen der Bewegung „Women Strike for Peace" demonstrieren für eine friedliche Lösung der Kubakrise

Konfrontation zwischen USA und UdSSR Oktober 1962

Die politischen Verhältnisse auf der Karibikinsel Kuba waren in den 50er-Jahren äußerst instabil. Revolutionäre Unruhen waren an der Tagesordnung und führten 1959 zur Machtübernahme von Fidel Castro, der mit dem Sozialismus der UdSSR sympathisierte und entsprechende Maßnahmen für Kuba einleitete.

Die USA versuchten 1960/61 Castro und sein System zu stürzen. Ein von dem neuen US-Präsidenten John F. Kennedy veranlasster Invasionsversuch vom April 1961 in der Schweinebucht vor Kuba scheiterte kläglich. Die Folge war eine sehr enge Freundschaft und Kooperation Kubas mit der UdSSR.

Am 14. Oktober 1962 entdeckte ein US-amerikanisches Aufklärungsflugzeug eine Basis für sowjetische Mittelstreckenraketen in der Bucht von St. Cristóbal auf Kuba mit Abschussrampen für 16 bis 24 Raketen. Die Raketen waren kurzfristig einsatzbereit und hatten Reichweiten von mehr als 1 000 Seemeilen (etwa 1 800 Kilometer). Damit war eine direkte Bedrohung der Vereinigten Staaten gegeben.

Am 22. Oktober informierte Präsident Kennedy in einer Fernsehrede die Weltöffentlichkeit und forderte von der Sowjetunion den unverzüglichen Abzug der Raketen. Um dieser Forderung Nachdruck zu verleihen, wurde eine „Quarantäne" (eine Vorstufe der Belagerung) über Kuba verhängt und weitere Aktionen angedroht.

Die sowjetische Regierung beugte sich dem amerikanischen Druck und Chruschtschow ordnete den sofortigen Abbau der Basen auf Kuba an. Die Krise war beendet und ein drohender Atomkrieg in letzter Minute verhindert worden.

Vgl. Informationen zur politischen Bildung 245/Bonn 1994, S. 26.

© Persen Verlag

Material 15
Vietnamkrieg

Auch der Vietnamkrieg hat eine längere Vorgeschichte.

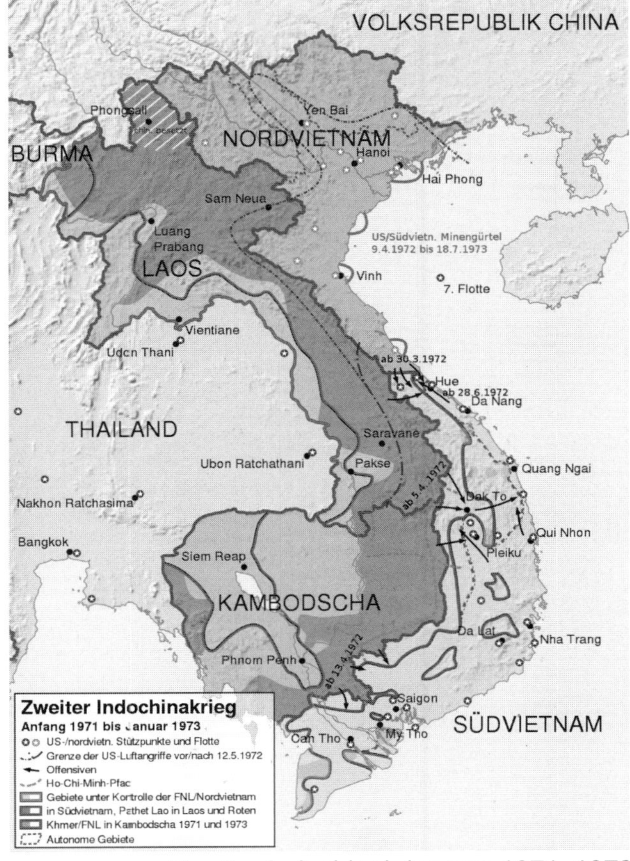

Zweiter Indochinakrieg von 1971–1973

Der Vietnamkrieg überzog das Land in mehreren Phasen über 20 Jahre lang von 1955 bis 1975. Er schloss 1955 an den Indochinakrieg (1946–1954) als Bürgerkrieg nach der Teilung Vietnams (1954) an und wird deshalb auch als **Zweiter Indochinakrieg** bezeichnet. Die Supermächte waren direkt (USA) und indirekt (UdSSR) beteiligt. Der Vietnamkrieg zählt zu den Stellvertreterkriegen in der Zeit des Kalten Krieges.

1968 stellte US-Präsident Lyndon B. Johnson die Bombardierungen ein. Sein Nachfolger Richard Nixon rief die US-Truppen ab 1969 aus Südvietnam zurück. Nach erneuten Bombardierungen des Nordens kam es 1973 zur Unterzeichnung eines Waffenstillstandsvertrags mit Nordvietnam. Die Nordvietnamesen nahmen Südvietnam 1975 vollständig ein und beendeten den Krieg.

Der Großteil von Indochina war bis zum Zweiten Weltkrieg französische Kolonie oder französisches Einflussgebiet. Im Zweiten Weltkrieg wurden weite Teile Indochinas von den Japanern besetzt. Die USA forderten (durch Flugblätter und Propaganda) die Bevölkerung zum Widerstand gegen Japan auf und stellten für Vietnam die Unabhängigkeit in Aussicht. Nach der Niederlage Japans unterstützten die USA jedoch Frankreichs Ziele zur Wiederherstellung der französischen Kolonie Vietnam. Die USA wollten damit ein weiteres kommunistisches Einflussgebiet in Indochina verhindern. Die Folge war 1946 ein weiterer Indochinakrieg Frankreichs.

Als die Kommunisten 1949 in China und Korea erfolgreich waren, bedeutete dies das US-amerikanische Militärengagement in Vietnam. Frankreichs Kolonialherrschaft endete 1954 endgültig mit der Niederlage bei Diem Bien Phu. Vietnam wurde am 17. Breitengrad zweigeteilt – in einen kommunistischen Nordteil und einen demokratischen Südteil.

Die US-Präsenz im Süden wurde daraufhin zunächst mit Militärberatern und später mit Soldaten ausgebaut. Verschiedene Zwischenfälle führten 1965 zum offenen Krieg, der bis 1973 andauerte und mit der Niederlage der USA nach etlichen Verhandlungen in einem Friedensschluss endete. Am 30. April 1975 überrannten die Kommunisten Saigon und vereinten das Land unter kommunistischer Herrschaft. Rund 400 000 Südvietnamesen wurden in Umerziehungslager gesteckt.

Fazit: Die USA setzten in Nordvietnam verheerende Chemiewaffen, Flächenbombardements und Verminungen weiter Landstriche ein. Der Vietnamkrieg wurde für die USA zum Alptraum, der die Nation zutiefst spaltete. Aufgrund diffuser Kriegsführung, korrupter Führungscliquen Südvietnams, hoher Umweltzerstörung und Verlusten an Mensch und Material war dieser Krieg nicht zu gewinnen.

© Persen Verlag

Material 16
Zweiter Kalter Krieg: Manöver „Able Archer"

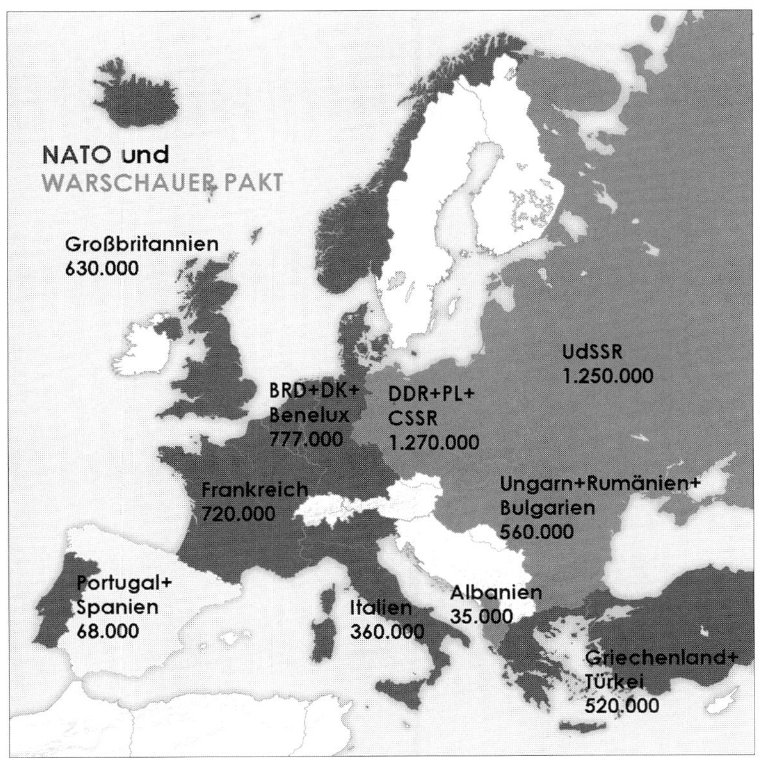

Rüstung im Kalten Krieg, 1959: Truppenstärke der NATO-Mitgliedstaaten und der Staaten des Warschauer Pakts

Im Kalten Krieg folgte zu Beginn der 70er-Jahre eine Phase leichter Entspannung, nachdem es ab 1969 eine Normalisierung der politischen Beziehungen gegeben hatte. Mitte der 70er-Jahre verschlechterten sich die Ost-West-Beziehungen wieder, weil sich die USA aufgrund der Niederlage in Vietnam und der Watergate-Affäre innen- und außenpolitisch in einer tiefen Krise befanden. Es war ein riesiger innenpolitischer Skandal in den USA. Der Grund war das Installieren von Abhörgeräten im Wahlkampfbüro (Watergate Building) der Demokraten im Präsidentschaftswahlkampf 1972. Auftraggeber waren die Republikaner. US-Präsident Richard Nixon wusste davon und musste am 9. August 1974 zurücktreten.

Den USA wehte heftiger Widerstand gegen die Politik der militärischen Einmischung entgegen. Die Ideale der USA, Verteidigung von Demokratie, Freiheit und Menschenrechten, waren unglaubwürdig geworden. Das Ansehen war „ramponiert" und die USA gerieten politisch in zunehmendem Maße in Isolationismus und Neokonservativismus. Das belastete die Ost-West-Beziehungen heftig.

Es setzte eine Phase des „Zweiten Kalten Krieges" mit einer bisher nicht für möglich gehaltenen militärischen Aufrüstung beider Seiten ein. **Die Politik führte während des NATO-Manövers „Able Archer" 1983 so dicht wie nie vorher an den Rand eines Atomkriegs.** Details dazu sind erst vor kurzer Zeit von den Regierungen freigegeben worden.

Beide Seiten misstrauten sich erheblich: Die USA waren bei der Auswertung von Spionagebildern auf ein neues, flexibles Waffensystem der UdSSR mit Mehrfachsprengköpfen gestoßen, SS 20-Raketen, die eine große Bedrohung für Europa waren. Allen voran der deutsche Bundeskanzler Helmut Schmidt sah für Europa eine Abschreckungslücke und initiierte den „NATO-Doppelbeschluss".

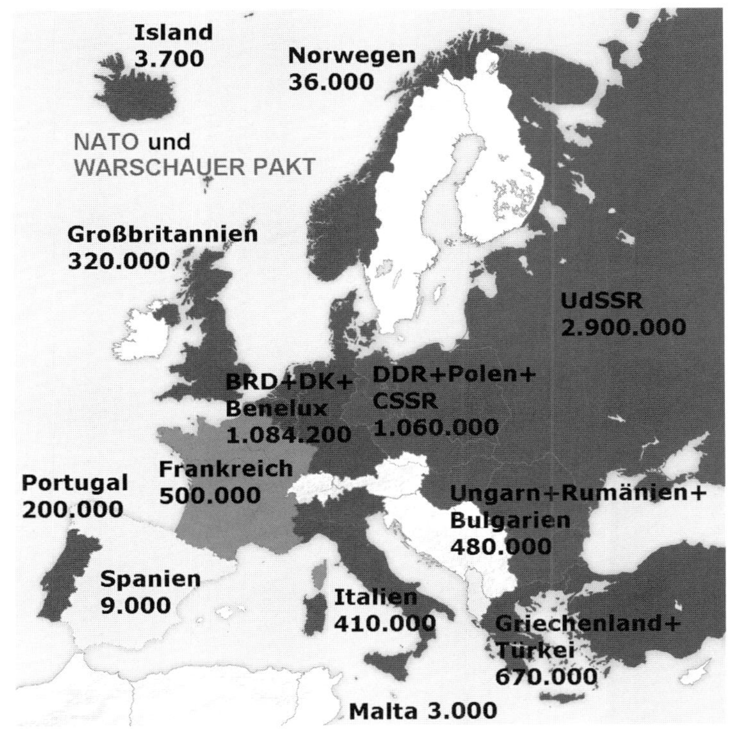

Rüstung im Zweiten Kalten Krieg, 1973: Truppenstärke der NATO-Mitgliedstaaten und der Staaten des Warschauer Pakts

© Persen Verlag

Material 16/1
Zweiter Kalter Krieg: Manöver „Able Archer"

Furcht vor atomarer Auseinandersetzung

Der Grund für die Aufrüstung der UdSSR war eine tiefe, nachvollziehbare Beunruhigung über die Militärmaßnahmen der NATO Anfang der 70er-Jahre, denn man befürchtete ein Streben nach Überlegenheit.

Der NATO-Doppelbeschluss vom Dezember 1979 beabsichtigte, mit der UdSSR über eine Rückführung der SS 20-Raketen zu verhandeln. Käme es zu keiner Rückführung, würden in Europa – hauptsächlich in Deutschland – als Gegengewicht die Pershing II-Raketen aufgestellt werden.

Die Verhandlungen wurden von US-amerikanischer Seite nur mit angezogener Handbremse geführt. Sie blieben bis November 1983 ohne Ergebnis und wurden am 23. November 1983 von der UdSSR abgebrochen.

Der neue US-amerikanische Präsident Ronald Reagan ließ weiter aufrüsten, die UdSSR befürchtete einen Atomkrieg, ausgelöst von den Westmächten.

1983 eskalierte die Situation, als die NATO das Manöver „Able Archer“ durchführte und die Westmächte – vor allem Großbritannien und die USA, auch die Bundesrepublik war beteiligt – so realistisch wie nie zuvor die vollständige Kampfbereitschaft des Westens inklusive eines Atomkriegs simulierten.

Die UdSSR war extrem beunruhigt und die Furcht der Sowjetunion vor einem atomaren Erstschlag des Westens wurde unterschätzt. Die Truppen des Warschauer Paktes waren in Alarmmodus versetzt worden. Die Sowjets nahmen das NATO-Manöver so ernst, dass sie in der DDR und in Polen stationierte Flugzeuge mit Atomsprengköpfen bestücken und Atom-U-Boote auslaufen ließen. Erst die britische Regierung unter Margret Thatcher zog die „Notbremse“ und entschärfte durch umfangreiche Informationen die Situation und beruhigte den Warschauer Pakt.

Nur knapp wurde eine atomare Auseinandersetzung verhindert. Der Vorfall blieb in der Weltöffentlichkeit weitgehend unbemerkt, gilt aber rückblickend vermutlich als einer, der einem Atomkrieg am nächsten gekommen war.

Die Pershing II-Raketen wurden nach einem Bundestagsbeschluss ausschließlich in der BRD stationiert, denn es hatte europaweit Proteste gegen die Aufrüstung gegeben. Damit stand Deutschland verstärkt im Zentrum des Konfliktes zwischen NATO und Warschauer Pakt.

Erst 1987 wurde der Zweite Kalte Krieg durch US-Präsident Ronald Reagan und den sowjetischen Präsidenten Michail Gorbatschow durch die sogenannte „Doppel-Nulllösung“ beendet. Damit wurde der Abzug aller atomaren Mittelstreckenraketen aus Europa vereinbart.

Vgl. Mastny, V.: „Able Archer“. An der Schwelle zum Atomkrieg? In: Greiner u. a. (Hg.): „Krisen im Kalten Krieg“, bpb Schriftenreihe 767. Bonn 2009, S. 505 ff.

© Persen Verlag

Material

17 Beginn der „Normalisierung“ 1969: Neue Ostpolitik

18 Ära Gorbatschow: Politikwechsel der UdSSR

19 Gründe für den Zusammenbruch der Sowjetunion und Aufbruch der DDR

20 Der Weg zur Deutschen Einheit

20.1 Politik unter Helmut Kohl

20.2 Der Zwei-plus-Vier-Vertrag

20.3 Politische Gliederungen Europas 1990 und 2013 im Vergleich

Aufgaben

a Egon Bahr war politischer Vordenker und Stratege der SPD: Welche wesentlichen Änderungen schlug er Bundeskanzler Willy Brandt vor?
Markiere die wichtigsten Textstellen in Material 17. Fasse zusammen.

b Warum war der Grundlagenvertrag in der BRD innenpolitisch umstritten?
Recherchiere.

c Was beinhalteten „Glasnost und Perestroika“ im Vergleich zum damals bestehenden politischen System der UdSSR?

d Was bedeutete die „Sinatra-Doktrin“ für die politische Entwicklung der Staaten des Sowjetsystems?

e Fasse die Gründe für das Scheitern der sozialistischen Staaten kurz zusammen.
Welche besonderen Gründe waren für die DDR ausschlaggebend?

f Welche konkreten Folgen hatte die neue Politik Michail Gorbatschows international und konkret in der DDR (siehe Grafik von Material 19)?

g Beschreibe und beurteile die Rolle der BRD und besonders auch die Rolle des deutschen Bundeskanzlers Helmut Kohl 1989/1990?
Warum gab es europäische Widerstände gegen ein wiedervereintes Deutschland?

h Nenne die Bestimmungen des „Zwei-plus-Vier-Vertrags“ und ihre politische Bedeutung für Deutschland.

i Beschreibe die politische Gliederung Europas nach 1990.

© Persen Verlag

Material 17
Beginn der „Normalisierung" 1969: Neue Ostpolitik

Egon Bahr, 1969

Die 50er- und 60er-Jahre wurden außenpolitisch durch den Kalten Krieg und die Ost-West-Beziehungen geprägt. BRD und DDR waren weitgehend „politische Schachfiguren", die von den führenden Siegermächten bewegt wurden. Erst nach dem Koreakrieg, der zur Wiederbewaffnung beider deutscher Staaten führte, nach den Berlinkrisen und der Kubakrise gab es Anzeichen und Spielraum für einen Politikwechsel, der zu Entspannung und zur „Normalisierung" führen sollte.

Egon Bahr, damals Leiter des Presse- und Informationsamtes des Landes Berlin, hielt am 15. Juli 1963 in der Evangelischen Akademie Tutzing am Starnberger See eine Rede, die als erste programmatische Fixierung der neuen Ostpolitik der SPD angesehen wird:

Auszug „Tutzinger Rede" von Egon Bahr im Jahr 1963

„Es ist in den letzten Tagen schon eine ganze Menge über das Thema Wiedervereinigung gesagt worden. Ich möchte dazu [...] einige Bemerkungen machen. Sie sind zur Anregung gedacht und entspringen dem Zweifel, ob wir mit der Fortsetzung unserer bisherigen Haltung das absolut negative Ergebnis der Wiedervereinigungspolitik ändern können, und der Überzeugung, daß es an der Zeit ist und daß es unsere Pflicht ist, sie möglichst unvoreingenommen neu zu durchdenken. [...] Die erste Folgerung, die sich aus einer Übertragung der Strategie des Friedens auf Deutschland ergibt, ist, daß die Politik des Alles oder Nichts ausscheidet. Entweder freie Wahlen oder gar nicht, entweder gesamtdeutsche Entscheidungsfreiheit oder ein hartes Nein, entweder Wahlen als erster Schritt oder Ablehnung, das alles ist nicht nur hoffnungslos antiquiert und unwirklich, sondern in einer Strategie des Friedens auch sinnlos. [...] Wenn es richtig ist, und ich glaube, es ist richtig, daß die Zone dem sowjetischen Einflußbereich nicht entrissen werden kann, dann ergibt sich daraus, daß jede Politik zum direkten Sturz des Regimes drüben aussichtslos ist. Diese Folgerung ist rasend unbequem und geht gegen unser Gefühl, aber sie ist logisch. Sie bedeutet, daß Änderungen und Veränderungen nur ausgehend von dem zurzeit dort herrschenden verhaßten Regime erreichbar sind. [...]

Die Bundesregierung hat in ihrer letzten Regierungserklärung gesagt, sie sei bereit, ‚über vieles mit sich reden zu lassen, wenn unsere Brüder in der Zone sich einrichten können, wie sie wollen. Überlegungen der Menschlichkeit spielen hier für uns eine größere Rolle als nationale Überlegungen.' Als einen Diskussionsbeitrag in diesem Rahmen möchte ich meine Ausführungen verstanden wissen. Wir haben gesagt, daß die Mauer ein Zeichen der Schwäche ist. Man könnte auch sagen, sie war ein Zeichen der Angst und des Selbsterhaltungstriebes des kommunistischen Regimes. Die Frage ist, ob es nicht Möglichkeiten gibt, diese durchaus berechtigten Sorgen dem Regime graduell so weit zu nehmen, daß auch die Auflockerung der Grenzen und der Mauer praktikabel wird, weil das Risiko erträglich ist. Das ist eine Politik, die man auf die Formel bringen könnte: Wandel durch Annäherung. Ich bin fest davon überzeugt, daß wir Selbstbewußtsein genug haben können, um eine solche Politik ohne Illusionen zu verfolgen, die sich außerdem nahtlos in das westliche Konzept der Strategie des Friedens einpaßt, denn sonst müßten wir auf Wunder warten, und das ist keine Politik."

Quelle: Egon Bahr „Wandel durch Annäherung". Rede in der Evangelischen Akademie Tutzing (Tutzinger Rede), 15. Juli 1963. Nach Deutschland Archiv 8 (1973), S. 862–865. Die komplette Rede zum Download unter: web.ev-akademie-tutzing.de/cms/index.php?id=53

© Persen Verlag

Material 17/1
Beginn der „Normalisierung" 1969: Neue Ostpolitik

Die sozialliberale Koalition begann 1969 mit der konsequenten Umsetzung der Ostpolitik Egon Bahrs. Eine Reihe von Abkommen waren die Folge: der Moskauer Vertrag (1970), der Grundlagenvertrag (1972) und das UNO-Beitrittsabkommen (1973).

Der Grundlagenvertrag sollte die Basis für „gute nachbarschaftlich Beziehungen" bilden, war in der BRD innenpolitisch dennoch höchst umstritten. Die Opposition CDU/CSU warf der Regierung vor, Rechtspositionen aufgegeben und die DDR als Staat anerkannt zu haben.

Vertrag über die Grundlagen der Beziehungen zwischen der Bundesrepublik Deutschland und der Deutschen Demokratischen Republik vom 21. Dezember 1972
(Auszug)

Artikel 1

Die Bundesrepublik Deutschland und die Deutsche Demokratische Republik entwickeln normale gutnachbarliche Beziehungen zueinander auf der Grundlage der Gleichberechtigung. [...]

Artikel 3

Entsprechend der Charta der Vereinten Nationen werden die Bundesrepublik Deutschland und die Deutsche Demokratische Republik ihre Streitfragen ausschließlich mit friedlichen Mitteln lösen und sich der Drohung mit Gewalt oder der Anwendung von Gewalt enthalten. Sie bekräftigen die Unverletzlichkeit der zwischen ihnen bestehenden Grenze jetzt und in der Zukunft und verpflichten sich zur uneingeschränkten Achtung ihrer territorialen Integrität. [...]

Artikel 6

Die Bundesrepublik Deutschland und die Deutsche Demokratische Republik gehen von dem Grundsatz aus, daß die Hoheitsgewalt jedes der beiden Staaten sich auf sein Staatsgebiet beschränkt. Sie respektieren die Unabhängigkeit und Selbständigkeit jedes der beiden Staaten in seinen inneren und äußeren Angelegenheiten.

Artikel 7

Die Bundesrepublik Deutschland und die Deutsche Demokratische Republik erklären ihre Bereitschaft, im Zuge der Normalisierung ihrer Beziehungen praktische und humanitäre Fragen zu regeln. Sie werden Abkommen schließen, um auf der Grundlage dieses Vertrages und zum beiderseitigen Vorteil die Zusammenarbeit auf dem Gebiet der Wirtschaft, der Wissenschaft und Technik, des Verkehrs, des Rechtsverkehrs, des Post- und Fernmeldewesens, des Gesundheitswesens, der Kultur, des Sports, des Umweltschutzes und auf anderen Gebieten zu entwickeln und zu fördern. Einzelheiten sind in dem Zusatzprotokoll geregelt.

Artikel 8

Die Bundesrepublik Deutschland und die Deutsche Demokratische Republik werden ständige Vertretungen austauschen. Sie werden am Sitz der jeweiligen Regierung errichtet. Die praktischen Fragen, die mit der Einrichtung der Vertretungen zusammenhängen, werden zusätzlich geregelt. [...]

Quelle: Bulletin Presse-/Informationsamt der Bundesregierung, Nr. 155, S. 1842–1844.

Der Normalisierungsprozess geriet bereits Mitte der 70er-Jahre durch gegenseitiges Misstrauen und atomare Aufrüstung der Großmächte erheblich ins Stocken. Diese Zeit einer fast unkontrollierten Aufrüstung durch Atomwaffen, vor allem in Europa, wird als „Zweiter Kalter Krieg" bezeichnet.

© Persen Verlag

Material 18
Ära Gorbatschow: Politikwechsel der UdSSR

Michail Gorbatschow, 1986

Glasnost und Perestroika

Etwa 1984 gab es nach der Phase des Zweiten Kalten Krieges erstmals wieder vorsichtige Ansätze für ein Umdenken, denn die weltpolitische Lage hatte sich nach nahezu 10-jähriger Debatte um „militärisches Gleichgewicht", um Sicherheitslücken und um die Notwendigkeit einer Nachrüstung oder Aufrüstung gewandelt. Die UdSSR geriet in immer größere Schwierigkeiten, vor allem waren es ökonomische Probleme. Am 11. März 1985 wurde Michail Gorbatschow neuer Generalsekretär der KPdSU. Gorbatschow stand für einen relativ radikalen Kurswechsel und proklamierte „Glasnost" und „Perestroika". Ersteres stand für mehr Offenheit und Transparenz bei innenpolitischen Prozessen, letzteres für eine Um- bzw. Neugestaltung des Wirtschaftssystems. Dazu kam, dass Gorbatschow das Wettrüsten beenden wollte. Seine Initiativen wurden in den meisten Ostblockländern, vor allem in der Bevölkerung der DDR, nach anfänglicher Skepsis einhellig begrüßt. Sie ermutigten die demokratischen Reformbewegungen in Osteuropa und führten letztlich zum Zerfall des Sowjetimperiums und zur Einigung Deutschlands. Die neue Politik hatte weiter zur Folge, dass die „Breschnew-Doktrin" im Jahr 1989 durch die „Sinatra-Doktrin" ersetzt wurde (nach dem Song Frank Sinatras „My way" benannt). Allen Staaten des Sowjetsystems wurde die freie Wahl ihrer politischen Zugehörigkeit zugestanden, was einen „politischen Erdrutsch" in Polen und Ungarn auslöste.

Die DDR-Führung versuchte noch, militärische Unterstützung von der UdSSR zu erhalten, um ihr System zu „retten". Es scheiterte, weil Moskau die Unterstützung verweigerte.

© Persen Verlag

Material 19
Gründe für den Zusammenbruch der Sowjetunion und Aufbruch der DDR

Erich Honecker lehnte Gorbatschows Glasnost und Perestroika für die DDR schlicht ab. Er ging sogar auf Distanz zu den reformwilligen „sozialistischen Bruderstaaten" Polen und auch Ungarn und dokumentierte damit eindrucksvoll, wie erstarrt und reformunfähig das System der DDR war.

Gab es bisher für die DDR eine von der UdSSR garantierte Bestandsgarantie, so entfiel diese mit der Aufgabe der Breschnew-Doktrin endgültig. Das Nichteingreifen sowjetischer Streitkräfte in die revolutionären Unruhen von 1989 bis 1990 war demzufolge konsequent und bedeutete das Ende der DDR.

Die Planwirtschaft der DDR ist zu keiner Zeit so leistungsfähig geworden, wie die Bevölkerung es erwartet hatte. Zwischen Anspruch und dem real existierenden Sozialismus klaffte eine große Lücke. Zu keiner Zeit gab es Übereinstimmung des Großteils der Bevölkerung mit dem Gesamtsystem. In den 80er-Jahren sank die Überzeugungskraft der SED immer mehr und die oppositionellen Gruppen innerhalb der DDR und die Zahl der Ausreisewilligen stiegen stark an.

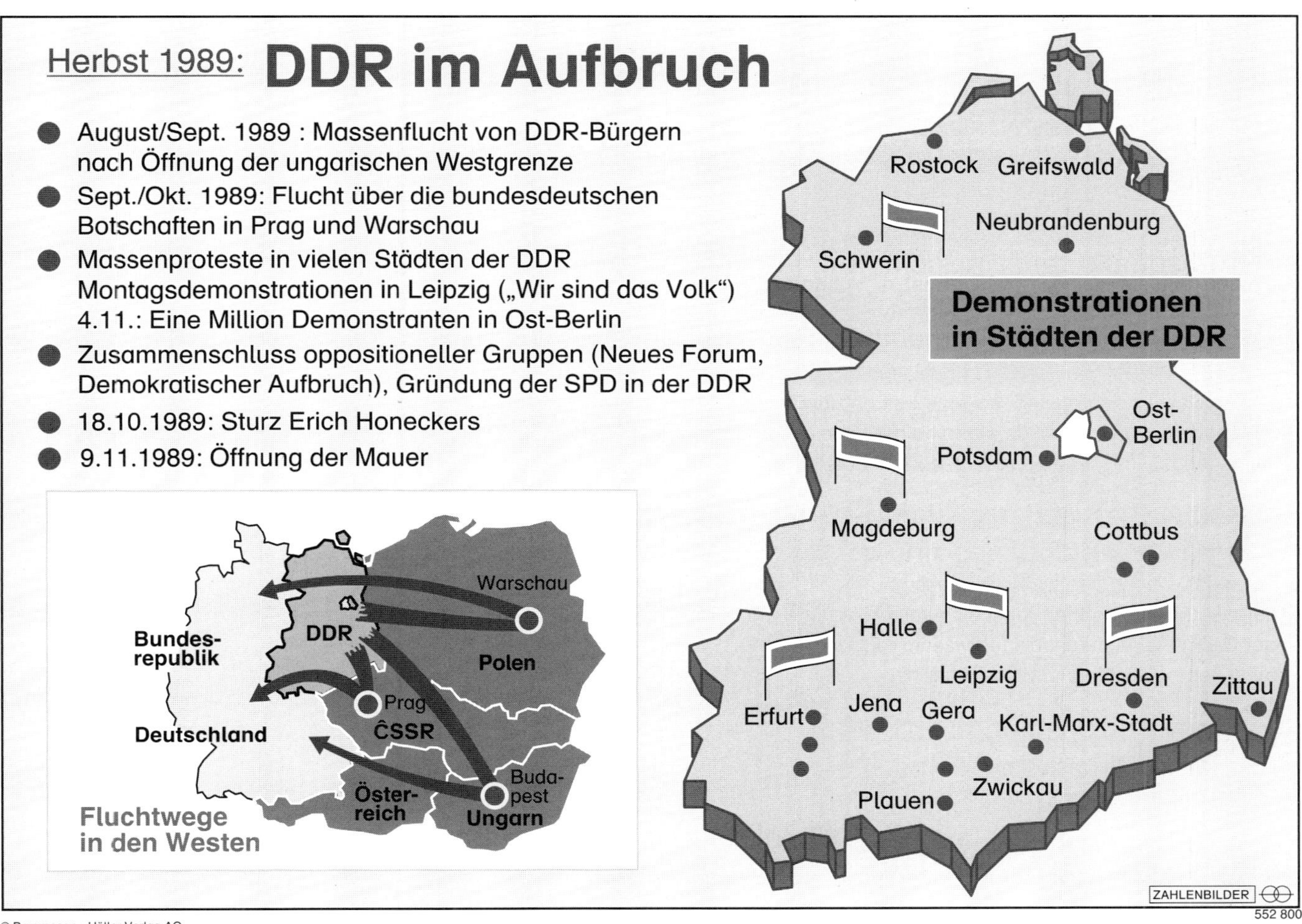

© Bergmoser + Höller Verlag AG

Material 20
Der Weg zur Deutschen Einheit

Material 20.1
Politik unter Helmut Kohl

Als Bundeskanzler Helmut Kohl wahrnahm, dass die DDR-Bürger statt einer erneuerten DDR die Wiedervereinigung wünschten, ergriff er die Chance und legte am 28. November 1989 dem Deutschen Bundestag ein „Zehn-Punkte-Programm für Deutschland“ in Europa vor.

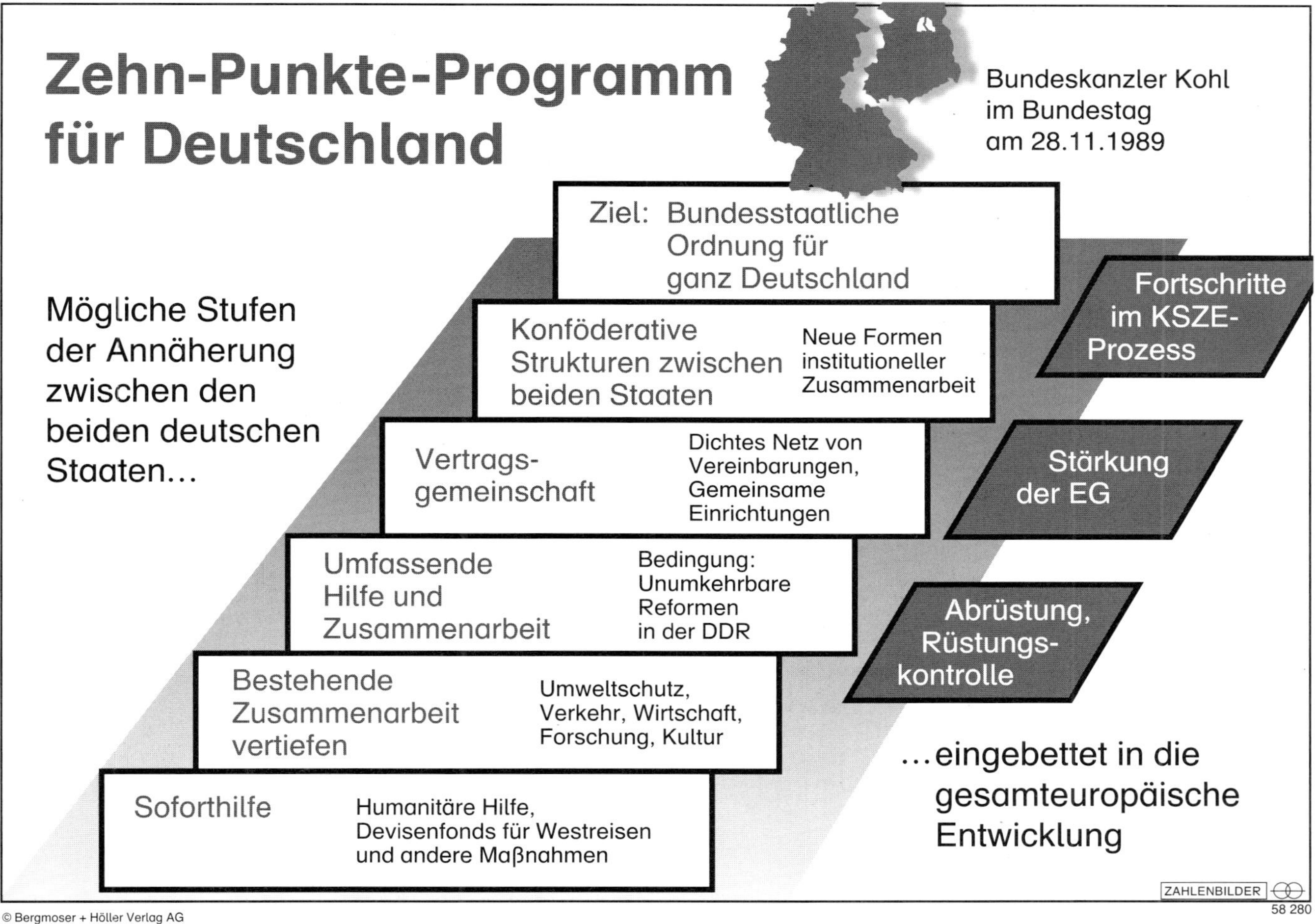

© Bergmoser + Höller Verlag AG

Bundeskanzler Helmut Kohl hatte seinen Plan vorab nur mit den USA abgesprochen. Widerstände gab es aus London, Paris und Rom. Trotz der problematischen Ausgangslage schaffte es die Regierung Kohl, einen einvernehmlichen Vertrag über die künftigen Regelungen für Deutschland zu erreichen, den „Zwei-plus-Vier-Vertrag“: zwischen zwei deutschen Staaten und den vier Siegermächten des Zweiten Weltkriegs.

Am 3. Oktober 1990 wurde die Wiedervereinigung vollzogen. Erst jetzt erhielt der neue deutsche Staat seine sogenannte „volle“ Souveränität zurück. Doch, so Egon Bahr, Vordenker und Stratege Willy Brandts: „Ein Relikt der Lebenslüge ist übrigens geblieben: Noch heute wird von der nuklearen deutschen Teilhabe gesprochen. Es gibt ein Geschwader der Bundesluftwaffe, das amerikanische Atombomben ans Ziel tragen soll. Das Wort ‚Teilhabe‘ suggeriert, dass wir dabei eine Mitbestimmung haben. Die hatten wir nie.“

Quellen: Egon Bahr „Drei Briefe und ein Staatsgeheimnis“. In: DIE ZEIT, 21/2009. „Souverän ist heute kein Land mehr.“ Egon Bahr, zur Frage der staatlichen Souveränität: www.youtube.com/watch?v=iCclY5p17Ng Gregor Gysi, Rede im Bundestag 2015: „Deutschland ist bis heute nicht vollständig souverän!“: www.youtube.com/watch?v=t3ZJJTQxMhM

© Persen Verlag

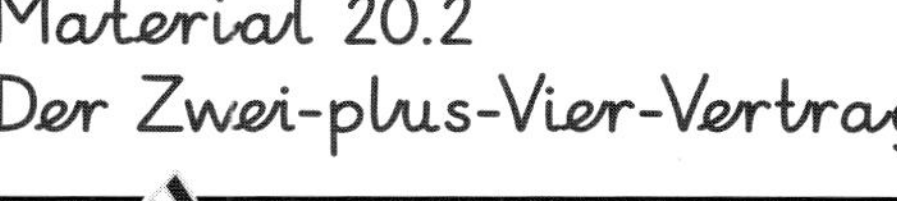

Material 20.2

Der Zwei-plus-Vier-Vertrag

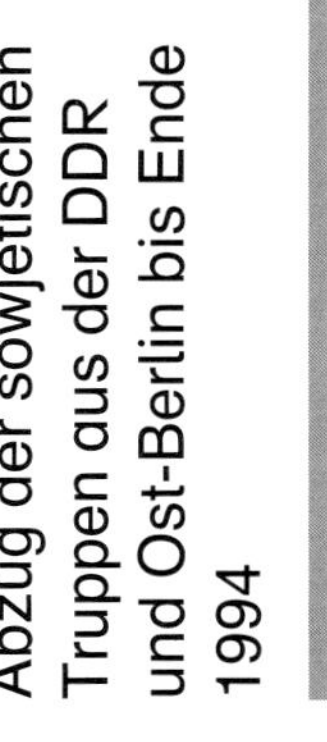

Der 2 + 4 Vertrag

Die wichtigsten Vertragsinhalte

Das vereinte Deutschland umfasst die Bundesrepublik, die DDR und ganz Berlin

Die bestehenden Grenzen sind endgültig. Keine Gebietsansprüche Deutschlands gegen andere Staaten. Bestätigung der Oder-Neiße-Grenze durch deutsch-polnischen Vertrag

Deutschland bekräftigt sein Bekenntnis zum Frieden und seinen Verzicht auf ABC-Waffen

Beschränkung der deutschen Streitkräfte auf 370 000 Mann

Abzug der sowjetischen Truppen aus der DDR und Ost-Berlin bis Ende 1994

Danach dürfen NATO-angehörige deutsche Truppen, aber keine ausländischen Streitkräfte, keine Atomwaffen und keine Atomwaffenträger auf ostdeutschem Gebiet stationiert werden

Beendigung der Viermächte- Rechte und Verantwortlichkeiten in Bezug auf Berlin und Deutschland als Ganzes

Volle Souveränität des vereinten Deutschland

„Vertrag über die abschließende Regelung in Bezug auf Deutschland“ vom 12.9.1990

ZAHLENBILDER 58 310

© Bergmoser + Höller Verlag AG

Material 20.3
Politische Gliederungen Europas 1990 und 2013 im Vergleich

Europa – politische Gliederung 1990

Europa – politische Gliederung 2013

© Persen Verlag

Material
Die wichtigsten Ereignisse der deutschen Nachkriegsgeschichte (1949–1990)

1 Siegermächte

2 Bundesrepublik Deutschland (BRD)

3 Deutsche Demokratische Republik (DDR)

Aufgaben

a Verschafft euch in der Gruppe (3–4 Schüler) anhand der Textbausteine einen Überblick über die geschichtlichen Ereignisse der Siegermächte, der BRD und der DDR von 1949 bis 1990.

Erstellt dafür eine große Zeitleiste auf vier bis fünf aneinandergereihten Blättern DIN-A4, auf die ihr die Jahreszahlen von 1949 bis 1990 eintragt.

Schneidet die Textbausteine des Materials aus und ordnet sie auf dem Zeitstrahl zunächst lose und später fixiert ein.

Die Blätter lassen sich gut in eure Arbeitsmappe einlegen.

b Recherchiert weiter und versucht anhand der Zeitleiste, die politische Situation der Siegermächte, der BRD und der DDR vergleichend zusammenzufassen.

Was sind für euch die wichtigsten Ereignisse?

Diskutiert in der Gruppe und in der Klasse.

© Perser Verlag

Material
Die wichtigsten Ereignisse der deutschen Nachkriegsgeschichte (1949–1990)

1 Siegermächte

22. November 1949
Petersberger Abkommen

4. April 1949
NATO Gründung

18. April 1951
Montanunion

26. Mai 1952
Deutschlandvertrag

20. Januar 1953
Dwight D. Eisenhower wird US-Präsident

5. März 1953
Tod Josef Stalin, Staats- und Parteichef KPdSU
Nachfolger Nikita Chruschtschow

20. September 1954
Sowjetunion erklärt DDR als staatlich souverän

23. Oktober 1956
Volksaufstand in Ungarn
sowjet. Truppen schlagen nieder

25. März 1957
Europäische Wirtschaftsgemeinschaft EWG (Römische Verträge)

5. Januar 1957
Eisenhower-Doktrin
soll Einfluss UdSSR begrenzen

4. Oktober 1957
Sputnik-Schock in USA:
UdSSR startet ersten Weltraumsatelliten „Sputnik“

15.–28. September 1959
Nikita Chruschtschow in USA bei Dwight D. Eisenhower, Annäherung scheitert

© Persen Verlag

Material
Die wichtigsten Ereignisse der deutschen Nachkriegsgeschichte (1949–1990)

1/1 Siegermächte

8. Januar 1959
Charles de Gaulle wird Präsident Frankreichs
Annäherung an die BRD

20. Januar 1961
John F. Kennedy wird US-Präsident

3./4. Juni 1961
Treffen J. F. Kennedy und Nikita Chruschtschow
N. C. wiederholt Berlin-Ultimatum
J. F. K. verspricht Nichteinmischung

14.–28. Oktober 1962
Kubakrise USA–UdSSR
drohender Atomkrieg

22. November 1963
Ermordung J. F. Kennedy
Nachfolger US-Präsident Lyndon B. Johnson

14. Oktober 1964
Entlassung Nikita Chruschtschow
Regierungschef wird Alexei Kossygin
neuer Parteichef KPdSU Leonid Breschnew

12. Juni 1966
UdSSR garantiert DDR-Grenzen

12. November 1968
Breschnew-Doktrin
Eingriffsrechts bei Bedrohung, sozialistische Staaten dürfen Warschauer Pakt nicht verlassen

20. Januar 1969
Richard Nixon wird US-Präsident

3. September 1971
Viermächte-Abkommen über Berlin

3. Juli 1973
KSZE–Konferenz in Helsinki über Sicherheit und Zusammenarbeit in Europa

© Persen Verlag

Material
Die wichtigsten Ereignisse der deutschen Nachkriegsgeschichte (1949–1990)

1/2 Siegermächte

9. August 1974
Gerald Ford wird US-Präsident

1. August 1975
KSZE-Konferenz in Helsinki
Schlussakte

20. Januar 1977
Jimmy Carter wird US-Präsident

12. Dezember 1979
NATO-Doppelbeschluss nach Stationierung atomarer sowjetischer Mittelstreckenraketen in Osteuropa

20. Januar 1981
Ronald Reagan wird US-Präsident

Beginn 1980er-Jahre
Massendemonstration in der BRD gegen atomares Wettrüsten, Beginn Friedensbewegung

12. November 1982
Juri Andropow wird Generalsekretär KPdSU, 1983 Staatsoberhaupt

13. Februar 1984
Konstantin Tschernenko wird Generalsekretär KPdSU

11. März 1985
Michail Gorbatschow wird Generalsekretär der KPdSU
1990 Staatspräsident

19.–21. November 1985
Genfer Gipfelkonferenz
Treffen Michail Gorbatschow und Ronald Reagan
Übereinkunft: keine militärische Vorherrschaft anstreben, Atomkrieg darf niemals ausgefochten werden

10./11. November 1986
Gipfel Warschauer-Pakt-Staaten
Michail Gorbatschow kündigt Liberalisierung der sowjetischen Osteuropapolitik an

© Persen Verlag

Material
Die wichtigsten Ereignisse der deutschen Nachkriegsgeschichte (1949–1990)

1/3 Siegermächte

Ab 1989
UdSSR ersetzt Breschnew-Doktrin durch Sinatra-Doktrin, Staaten Warschauer Pakt dürfen sich vom Sowjetsystem und Sozialismus lösen

20. Januar 1989
George Bush wird US-Präsident

15. November 1989
Michail Gorbatschow: Wiedervereinigung ist interne Angelegenheit der Deutschen

12. September 1990
Zwei-plus-Vier-Vertrag
in Moskau unterzeichnet

17. Dezember 1991
Parlamentspräsident der sowjetischen Teilrepublik Russland, Boris Jelzin, und der sowjetischer Präsident Michail Gorbatschow beschließen Auflösung Sowjetunion

25. Dezember 1991
Nach Auflösung UdSSR Gründung Gemeinschaft Unabhängiger Staaten (GUS), Rücktritt Gorbatschow, Boris Jelzin erster Präsident Russlands

© Persen Verlag

Material
Die wichtigsten Ereignisse der deutschen Nachkriegsgeschichte (1949–1990)

2 Bundesrepublik Deutschland (BRD)

23. Mai 1949
Gründungstag BRD
24 Uhr: Grundgesetz tritt in Kraft

14. August 1949
Wahl erster Deutscher Bundestag

15. September 1949
Konrad Adenauer wird 1. Bundeskanzler

21. September 1949
Ende der Militärregierung

18. April 1951
Mitglied Montanunion

2. Mai 1951
Vollmitgliedschaft im Europarat

9. und 13. Juli 1951
Beendigung Kriegszustand durch Großbritannien und Frankreich

26. Mai 1952
Deutschlandvertrag
Westbindung der BRD

19. Oktober 1951
USA beenden Kriegszustand mit Deutschland

27. Februar 1953
Londoner Schuldenabkommen
BRD akzeptiert 14,8 Mrd. Kriegsschulden

8.–14. September 1955
Moskaureise Konrad Adenauer
Diplomatische Beziehungen BRD – UdSSR

5. Januar 1955
UdSSR erklärt Kriegszustand mit Deutschland für beendet

© Persen Verlag

Material

Die wichtigsten Ereignisse der deutschen Nachkriegsgeschichte (1949–1990)

2/1 Bundesrepublik Deutschland (BRD)

5. Mai 1955
Pariser Verträge in Kraft
Ende des Besatzungsstatuts
BRD eingeschränkt souverän

6. Mai 1955
NATO-Beitritt

7. Juli 1956
Einführung Wehrpflicht tritt in Kraft

17. August 1956
KPD-Verbot

25. März 1957
Europäische Wirtschaftsgemeinschaft EWG (Römische Verträge)

22. Januar 1963
Deutsch-französischer Freundschaftsvertrag
Charles de Gaulle und Konrad Adenauer

16. Oktober 1963
Ludwig Erhard wird Bundeskanzler

1. Dezember 1966
Kurt Georg Kiesinger wird Bundeskanzler

21. Oktober 1969
Willy Brandt wird Bundeskanzler
Neue Ostpolitik, Ostverträge

12. August 1970
Moskauer Vertrag, BRD – UdSSR
Frieden erhalten, friedliche Konfliktlösung, Grenzen Europas anerkennen

7. Dezember 1970
Warschauer Vertrag, BRD – Polen
Anerkennung Oder-Neiße Grenze

© Persen Verlag

Material
Die wichtigsten Ereignisse der deutschen Nachkriegsgeschichte (1949–1990)

2/2 Bundesrepublik Deutschland (BRD)

21. Dezember 1972
Grundlagenvertrag BRD – DDR
gutnachbarschaftliche Beziehungen, Anerkennung DDR als Staat

18. September 1973
DDR und BRD werden UNO-Mitglieder

24. April 1974
Günter Guillaume, Referent Willy Brandts, als DDR-Spion verhaftet

16. Mai 1974
Helmut Schmidt wird Bundeskanzler

12. Dezember 1979
NATO-Doppelbeschluss

11.–13. Dezember 1981
Helmut Schmidt trifft Erich Honecker am Werbellinsee

1. Oktober 1982
Bundeskanzler (BRD) Helmut Schmidt mit Misstrauensvotum gestürzt

1. Oktober 1982
Helmut Kohl wird Bundeskanzler

9. November 1989
Fall der Berliner Mauer und Grenzöffnung

31. August 1990
Einigungsvertrag BRD und DDR

12. September 1990
Zwei-plus-Vier-Vertrag in Moskau unterzeichnet

3. Oktober 1990
Einigungsvertrag tritt in Kraft,
Tag der Deutschen Einheit

© Persen Verlag

Material
Die wichtigsten Ereignisse der deutschen Nachkriegsgeschichte (1949–1990)

3 Deutsche Demokratische Republik (DDR)

7. Oktober 1949
Gründung der DDR

11. Oktober 1949
Wilhelm Pieck wird Präsident der DDR

24. Juli 1950
Walter Ulbricht wird Generalsekretär des ZK der SED

Anfang Juni 1953
Der „Neue Kurs“ der SED

17. Juni 1953
Volksaufstand in der DDR
sowjetische Truppen schlagen nieder

20. September 1954
Sowjetunion erklärt DDR als staatlich souverän

25. Januar 1955
Ende Kriegszustand UdSSR und Deutschland

11.–14. Mai 1955
Gründung Warschauer Pakt
DDR wird Mitglied

18. Januar 1956
SED-Volkskammer gründet
Nationale Volksarmee (NVA)

27. Oktober 1958
Walter Ulbricht erklärt Ostberlin zum DDR-Hoheitsgebiet

12. September 1960
Walter Ulbricht wird Vorsitzender des Staatsrats und Staatsoberhaupt der DDR

13. August 1961
Schließung DDR-Grenze zu Westberlin,
Bau Berliner Mauer

© Persen Verlag

Material
Die wichtigsten Ereignisse der deutschen Nachkriegsgeschichte (1949–1990)

3/1 Deutsche Demokratische Republik (DDR)

24. Januar 1962
Einführung allgemeine Wehrpflicht DDR

3. Mai 1971
Rücktritt Walter Ulbricht als Erster Sekretär des ZK
Nachfolger wird Erich Honecker

21. Dezember 1972
Grundlagenvertrag BRD und DDR

18. September 1973
DDR und BRD werden UNO-Mitglieder

22. Mai 1976
Erich Honecker wird Generalsekretär der SED

29. Oktober 1976
Erich Honecker wird Staatsratsvorsitzender

16. November 1976
DDR-Liedermacher Wolf Biermann wird Wiedereinreise verboten

11.–13. Dezember 1981
Bundeskanzler (BRD) Helmut Schmidt trifft Erich Honecker am Werbellinsee

Ende der 70er-Jahre
DDR-Friedensbewegung formiert sich

29. Juni 1983
Milliardenkredit für DDR von Vermittler F. J. Strauß (CSU), BRD bürgt

31. Dezember 1984
40 900 Bürger dürfen in den Westen ausreisen

17. Juli 1987
Abschaffung Todesstrafe

7.–11. September 1987
Erich Honeckers erster Besuch in der BRD

© Persen Verlag

Material
Die wichtigsten Ereignisse der deutschen Nachkriegsgeschichte (1949–1990)

3/2 Deutsche Demokratische Republik (DDR)

1989
Jahr der Aufbruchstimmung in der DDR,
Erich Honecker verliert an Rückhalt

Ab April 1989
Ungarn baut Grenzbefestigung zu Österreich ab

4. September 1989
1. Montagsdemonstration in Leipzig

11. September 1989
Ungarn öffnet Grenze zu Österreich

9./10. September 1989
Gründung Bürger-Reformbewegung „Neues Forum“

7. Oktober 1989
Feier 40. Jahrestag DDR

18. Oktober 1989
Rücktritt SED-Generalsekretär Erich Honecker, Nachfolger wird Egon Krenz

4. November 1989
500 000 Demonstranten
Alexanderplatz in Ostberlin

7./8. November 1989
Rücktritt Ministerrat und Politbüro der DDR

9. November 1989
Fall der Berliner Mauer und Grenzöffnung

31. August 1990
Einigungsvertrag BRD und DDR

12. September 1990
Zwei-plus-Vier-Vertrag in Moskau unterzeichnet

3. Oktober 1990
Einigungsvertrag tritt in Kraft, Tag der Deutschen Einheit

© Persen Verlag

I. Deutschland von 1945–1949

Material 1–3

a)

Josef Stalin (1878–1953). Dieser Name wurde von ihm angenommen und bedeutet „Der Stählerne". Nachdem er sich im Machtkampf um die Nachfolge Lenis durchgesetzt hatte, war er von 1922 bis 1953 Generalsekretär des Zentralkomitees der Kommunistischen Partei der Sowjetunion (KPdSU). In Verbindung mit einer Reihe anderer Ämter wurde er unumschränkter Diktator.

Franklin D. Roosevelt (1882–1945) war von 1932 bis 1945 US-Präsident und der einzige, der länger als zwei Wahlperioden regierte. Seine Präsidentschaft ist durch innerstaatliche Reformen („New Deal" = mehr soziale Gerechtigkeit durch Wirtschaftsreformen) gekennzeichnet. Er galt als erfahren, weitsichtig und auch durchsetzungsfähig. 1945 starb er überraschend kurz vor Kriegsende.

Winston Churchill (1874–1965) bekleidete verschiedene Ämter (Erster Lord der Admiralität, Innenminister, Finanzminister). Er wurde 1940 überraschend Premierminister (als Nachfolger Neville Chamberlains, der mit seiner Appeasement-Politik gescheitert war) bis 1945, dann noch einmal von 1951 bis 1955. Er gilt heute vor allem in Großbritannien als bedeutender Staatsmann, ist historisch aber sehr umstritten. Er stand für einen militaristischen Politikstil. Ihm wird die Verantwortung für die Bombardierungen der deutschen Zivilbevölkerung im Zweiten Weltkrieg angelastet. Auch die Atombombenabwürfe über Hiroshima und Nagasaki soll er befürwortet haben und ebenso in die Torpedierung der „Lusitania" verwickelt gewesen sein. Ab 1951 forcierte er mit Dwight D. Eisenhower, der US-amerikanischer Präsident geworden war, den Kalten Krieg. 1955 trat Churchill aus gesundheitlichen Gründen zurück.

Clement Attlee (1883–1967) war von 1945 bis 1951 britischer Premierminister. Er spielte eine eher tragische außenpolitische Rolle, da er durch seinen Politikstil und seine Unerfahrenheit Josef Stalin ungewollt unterstützte und handeln ließ. Durch innenpolitische und koloniale Maßnahmen wurde er in Großbritannien populär, verlor aber dennoch 1951 ganz knapp die Unterhauswahlen.

Harry S. Truman (1884–1972) wurde von 1945 bis 1953 nach dem überraschenden Tod Franklin D. Roosevelts der 33. Präsident der Vereinigten Staaten. Er war hauptverantwortlich für die Atombombeneinsätze in Japan und Vater der Truman-Doktrin, die der Auslöser des Kalten Krieges war. Der Koreakrieg (1950–1953) wurde der erste Stellvertreterkrieg im Ost-West-Konflikt und wesentlich von ihm mitverantwortet.

b)

Winston Churchill war 1915 Erster Lord der Admiralität. Am 7. Mai 1915 versenkte ein deutsches U-Boot den britischen Luxusliner RMS Lusitania, auf der u. a. (gegen die internationalen Regeln) Kriegsgeräte transportiert wurden. Es ist unklar, ob die Torpedierung ein Kriegsverbrechen war – oder ob die Lusitania vielleicht gewollt von Churchill „geopfert" wurde, um die bis dahin neutralen USA in den Krieg zu ziehen. Dem Marineminister Churchill traute man dieses durchaus zu, denn er hatte mehrfach und einseitig die internationalen Regeln des Seekrieges und des Völkerrechts durch geheime Weisungen verletzt. Seine Rolle bei der verheerenden Bombardierung der deutschen Städte und Zivilbevölkerung gegen Ende des Zweiten Weltkriegs („Moral Bombing" = Luftbombardements sollten die Unterstützung Hitlers in der zivilen Bevölkerung brechen, um den Zweiten Weltkrieg so zu entscheiden) und sein Befürworten des Atombombeneinsatzes auf Hiroshima und Nagasaki gehören dazu. Zusammengefasst ist festzustellen, dass Churchill als Politiker ein Vertreter des Militarismus gewesen ist, der eine Vielzahl von Opfern der Zivilbevölkerung für das Erreichen seiner Ziele aus unterschiedlichsten Gründen in Kauf genommen hat.

c)

Winston Churchill stand mit seiner Politik keinesfalls für „höchste menschliche Werte" – im Gegenteil: Er hat Tausende zivile Bomben- und Atombombenopfer auf dem Gewissen.

Er hätte für sein Buch „Der Zweite Weltkrieg" vor diesem Hintergrund nicht ausgezeichnet werden dürfen – so die Meinung vieler.

d)

USA: Politisch und vor allem militärisch gestärkt (Atombombenmonopol), allerdings mit US-Präsident Harry S. Truman an der Spitze, der nach dem Zweiten Weltkrieg vor gewaltigen Aufgaben stand und den Kalten Krieg mit der Truman-Doktrin zur Eindämmung des Sowjeteinflusses einleitete.

UdSSR: Weltpolitisch als Hauptsiegermacht in der stärksten Position. Russland hatte die größten Opfer an Mensch und Material im Weltkrieg zu verzeichnen. Der Einflussbereich in Europa wuchs, was die geografisch weit entfernten USA und ihre Verbündeten in Großbritannien mit der Politik des Eisernen Vorhangs verhindern wollten.

Großbritannien: Großbritannien hatte seine Bedeutung als „Empire" (Weltmacht) verloren und entwickelte sich nach dem Zweiten Weltkrieg zur Mittelmacht. Man suchte nach einer neuen bedeutenden Rolle in der Welt.

Frankreich: Als Kollaborateur mit dem Hitlerregime war Frankreich unter den Siegermächten nur geduldet, weil es immerhin eine Widerstandsbewegung von England aus unter der Führung von Charles de Gaulle gegeben hat. Frankreich versuchte, seine Position in Europa zu stärken.

e)

Aus den im Zweiten Weltkrieg im Kampf gegen Hitler-Deutschland vereinten Weltmächten wurden rasch Feinde. Die erstarkte UdSSR unter Josef Stalin wollte die Ausweitung des kommunistischen Machtbereichs. Die Westmächte unter Führung der USA wollten dies verhindern, waren aber politisch in einer eindeutig schwächeren Situation. Diese Schwäche sollte durch militärische Vorherrschaft (z. B. durch das Atombombenmonopol) ausgeglichen werden. Dieses Vorhaben scheiterte, weil die UdSSR ebenfalls erfolgreich Atombomben entwickelte.

© Persen Verlag

Auf jeden Fall behielt man Deutschland fest unter Kontrolle, teilte es unter sich in Zonen auf und unternahm zahlreiche Demokratisierungsmaßnahmen bei gleichzeitiger Wiederaufbauhilfe (Marshallplan).

Material 4–6

a)

Deutschland wurde in vier Besatzungszonen aufgeteilt und unter militärische Verwaltung gestellt. Die Gebiete östlich der Oder-Neiße-Grenze kamen unter polnische und der Nordteil Ostpreußens unter sowjetische Verwaltung. Berlin wurde in vier Sektoren (= militärische Besatzungszonen) aufgeteilt. Oberstes Beschlussorgan wurde der „Alliierte Kontrollrat". Deutschland besaß keinerlei Souveränitätsrechte, d. h., es war nicht mehr frei und unabhängig in seinen Entscheidungen.

b)

In allen innen- und außenpolitischen Fragen hatte Deutschland keine Entscheidungsbefugnis mehr. Grundsätzlich war die Zustimmung der Besatzungsmächte notwendig. Erst 1990 wurde die Bundesrepublik Deutschland durch den Zwei-plus-Vier-Vertrag weitgehend als souveräner Staat von den vier Siegermächten anerkannt.

c)

Es ging um Macht und Einfluss. Der sozialistische Einflussbereich sollte immer mehr im Sinne des „Weltkommunismus" ausgeweitet werden. Es zeichnete sich ab, dass die von der UdSSR besetzten Gebiete sozialistisch ausgerichtet würden. Dies galt auch für Deutschland. Damit wurde der gesamte osteuropäische Teil sozialistisch unter Führung Moskaus. Diese Vorherrschaft sollte verhindert werden.

d)

Harry S. Truman stellte fest: „In einer Anzahl von Ländern waren den Völkern kürzlich gegen ihren Willen totalitäre Regimes aufgezwungen worden. Die Regierung der Vereinigten Staaten hat mehrfach gegen Zwang und Einschüchterung bei der Verletzung des Jalta-Abkommens in Polen, Rumänien und Bulgarien protestiert." Jetzt sei das nicht mehr hinnehmbar, denn Griechenland und auch die Türkei seien gefährdet. „Ich bin der Ansicht, dass es die Politik der Vereinigten Staaten sein muss, die freien Völker zu unterstützen, die sich der Unterwerfung durch bewaffnete Minderheiten oder durch Druck von außen widersetzen. Ich glaube, dass wir den freien Völkern helfen müssen, sich ihr eigenes Geschick nach ihrer eigenen Art zu gestalten." Er forderte Hilfe in wirtschaftlicher und finanzieller Hinsicht, aber auch durch militärische Fachkräfte, um die gefährdeten Staaten mit allen Mitteln zu unterstützen. Es ging Truman darum, den sowjetischen Einfluss einzudämmen.

e)

Die BRD und die DDR bildeten in diesem Konflikt das „Zentrum". Der freiheitliche Westteil grenzte an den kommunistischen Ostteil, beide Teile standen sich feindlich gegenüber. Die Aufteilung Berlins verkomplizierte die Situation erheblich und führte zu den Berlinkrisen. Weder die BRD noch die DDR waren in der Lage, die Konflikte zu entschärfen, denn sie besaßen nicht die Souveränität, im Ost-West-Konflikt eigenständig zu handeln. Erst ab den 60er-Jahren begannen sie, ihre Interessen eigenmächtiger zu vertreten.

f)

Die Ministerpräsidenten der US-amerikanischen, der britischen und der französischen Zone wurden von den Militär-Gouverneuren „autorisiert" eine „Verfassunggebende Versammlung" einzuberufen. Die Verfassung sollte demokratisch und föderalistisch sein und musste von den Besatzungsmächten „ratifiziert" werden. Die Souveränität bestand darin, dass nur die Grundzüge vorgegeben wurden, die Details jedoch nicht. Die Teilung in zwei deutsche Staaten wurde durch den Alleingang der drei Westmächte vorangetrieben.

Material 7–11

a)

Die „Vorbehalte" waren dadurch gegeben, dass beide Staaten uneingeschränkt in ihrer Existenz vom politischen Willen der Siegermächte abhängig waren: die BRD von den USA, Großbritannien und Frankreich, die DDR von der UdSSR.

b)

Das Material verdeutlicht die demokratische Grundstruktur der BRD: Grundrechte, Gewaltenteilung, unabhängige Justiz. Der Bundestag wird vom Volk gewählt. Der Bundesrat ist die Vertretung der Bundesländer. Bundesrat und Bundestag sind die Legislative. Die Bundesregierung (der Kanzler) wird vom Bundestag gewählt. Das Staatsoberhaupt (der Bundespräsident) wird von der Bundesversammlung (Bundestag und Vertreter der Länderparlamente) gewählt.

c)

Die Verfassung der DDR war im Vergleich zur westlichen Demokratie zentralistisch und sozialistisch ausgerichtet. Nahezu unumschränkter Herrscher war der Staatsratsvorsitzende, der annähernd diktatorische Vollmachten besaß und von Weisungen aus Moskau abhängig war.

d)

Die von den nationalsozialistischen Machthabern durchgeführten Zwangsumsiedlungen, der Vormarsch der Roten Armee und die nachfolgende Besetzung vieler Gebiete.

e)

Die Karten zeigen die politische Gliederung Europas von 1939 im Vergleich zu 1949 nach Gründung der BRD und der DDR. Die dicke schwarze Linie steht für den sogenannten „Eisernen Vorhang". Alle Staaten östlich dieser Linie waren sozialistisch und gehörten zum Einflussbereich der UdSSR. Deutschland wurde durch diese Grenze zweigeteilt. Es gab sehr scharfe Grenzkontrollen, eine Ausreise in westliche Staaten war für Osteuropäer nur in seltenen Einzelfällen möglich.

© Persen Verlag

II. Die wichtigsten Ereignisse bis zur Wiedervereinigung

Material 1–2

a)

Der Begriff „Kalter Krieg“ bezeichnet den dauerhaften Spannungszustand zwischen den westlichen Siegermächten USA, Großbritannien, Frankreich und der damaligen Sowjetunion nach dem Zweiten Weltkrieg. Die Feindseligkeiten zwischen den kapitalistischen Systemen im Westen und den sozialistischen Oststaaten wurden „kalt“ ausgetragen, das bedeutet, nicht in „heißen“ kriegerischen Auseinandersetzungen, sondern mit Mitteln der Propaganda und Hochrüstung. In militärische Konfrontation trat man im Rahmen von Stellvertreterkriegen wie z. B. in Korea und Vietnam.

b)

Während des Kalten Krieges trennte der Eiserne Vorhang den Ostblock und den Westblock durch befestigte Grenzanlagen mit Stacheldraht, Wachtürmen, Selbstschussanlagen, Minenfeldern und kilometerbreiten Sperrzonen auf der östlichen Seite. Der Ostblock sollte abgeschottet werden. Die Grenze verlief quer durch Europa, von der Barentssee bis zum Schwarzen Meer.

c)

Durch den Besitz der Atombomben und später auch der Wasserstoffbomben drohte und droht noch heute im Kriegsfall zwischen den Supermächten die Vernichtung der Menschheit.

d)

Die drohende Vernichtung der Menschheit durch Einsatz von Atomwaffen darf und kann kein Verteidigungsmittel sein.

e)

Die BRD und die DDR waren die „Speerspitze“ des Ost-West-Konflikts und mussten diese Rolle aufgrund des verlorenen Krieges und nicht vorhandener Souveränität widerspruchs- und widerstandslos bis Ende der 60er-Jahre ausfüllen.

Material 3–5

a)

Konrad Adenauer sah eine klare Trennung Europas in den Ostteil und den Westteil als faktisch gegeben an, mit Frankreich und Großbritannien als führende Mächte des Westteils.

Westdeutschland musste westlich orientiert sein und entsprechend integriert werden – die wirtschaftliche und politische Gesundung Westdeutschlands war dafür die Voraussetzung. Nur so könnte eine Orientierung Richtung Osten vermieden werden. Sein Ziel war eine „Union Westeuropäischer Staaten“, möglichst unter Einschluss Großbritanniens.

c)

Charles de Gaulle und Konrad Adenauer setzten sich für ein neues deutsch-französisches Verhältnis ein. Sie wollten durch freundschaftliche Beziehungen eine neue Vorreiterrolle in Europa einnehmen.

d)

George Pompidou und Willy Brandt

Valéry Giscard d`Estaing und Helmut Schmidt

François Mitterand und Helmut Kohl

Jacques Chirac und Gerhard Schröder

Nikolas Sarkozy und Angela Merkel

François Hollande und Angela Merkel

Emmanuel Macron und Angela Merkel

e)

Die BRD und Frankreich sind seit den frühen Jahren der EU-Entwicklung in politischer wie in wirtschaftlicher Hinsicht die stärksten Nationen, die für Frieden, Fortschritt und Zusammenhalt in Europa stehen.

Material 6–10

a)

Die SED war in der DDR die alles entscheidende Organisation. Das politische System der DDR war eine von der KPdSU gesteuerte Parteiendiktatur.

b) + c)

Die Ostintegration der DDR als „sowjetischer Bruderstaat“ war vollkommen im System der UdSSR integriert.

d) + e) + f)

Die Unzufriedenheit eines Großteils der Bevölkerung hatte ihre Ursache primär im wirtschaftlichen Bereich, weil die Versorgung der Bevölkerung mit den lebensnotwendigsten Gütern immer schwieriger wurde. Wachsende Kritik am politischen System gesellte sich in Folge hinzu. Mit den Arbeitsniederlegungen in Berlin begannen Unruhen.

Die wirtschaftlichen Probleme und die Unzufriedenheit der Bevölkerung in der DDR führten zu ständig steigenden Flüchtlingszahlen aus der DDR in die BRD, zum überwiegenden Teil von Ostberlin nach Westberlin. Das führte zu deutlichen Verlusten an Arbeitskräften und verschärfte die wirtschaftliche Situation erheblich. Mit Schließung der Grenzen und dem Bau der Mauer sollte dem begegnet werden.

Walter Ulbricht wollte zwar den Mauerbau, doch Nikita Chruschtschow war dagegen, weil die Mauer den Besatzungsstatus Westberlins, den Chruschtschow aufheben wollte, zementieren würde. Erst die fehlgeschlagenen Verhandlungen mit US-Präsident John F. Kennedy veranlassten die UdSSR, dem Mauerbau zuzustimmen.

© Persen Verlag

g)

Erschwerte Grenzüberschreitungen und Ausreise sowie das Ende der Fluchtmöglichkeiten brachten tragische zwischenmenschliche Probleme mit sich. Die Abschottung der DDR wurde im Westen als undemokratisch und als unmenschlicher Willkürakt verurteilt.

h)

Der Besatzungsstatus für Westberlin blieb uneingeschränkt erhalten. Das hatte J. F. Kennedy Nikita Chruschtschow zu verstehen gegeben, bevor der dem Mauerbau der DDR zustimmte.

i)

Walter Ulbricht setzte von Anbeginn das sozialistische System der UdSSR rückhaltlos in der DDR um. In den 60er-Jahren begann er jedoch, ein eigenes „Modell DDR" zu entwerfen und zu verfolgen. Das führte zu gravierenden Konflikten, hauptsächlich mit Leonid Breschnew, aber auch innenpolitisch konnte er sich nicht durchsetzen, was letztlich seinen Sturz auslöste.

j)

Erich Honecker stand im Gegensatz zu Walter Ulbricht für den Erhalt der Rückbesinnung auf die traditionelle kommunistische Ideologie in allen Bereichen des Lebens. Insofern war Honecker stark konservativ ausgerichtet, was im Widerspruch zu den Entwicklungen in etlichen Nachbarstaaten wie z. B. Ungarn stand. Honecker beschwor „ewige" Freundschaft mit der UdSSR. Die BRD war für ihn ein „ausländischer" Staat und sollte dementsprechend distanziert behandelt werden. Die sich abzeichnenden Probleme und Entwicklungen am Ende der 80er-Jahre erforderten eine Abkehr vom fundamentalistischen Sozialismusmodell. So wurde auch Erich Honecker unsanft vom Thron gestürzt und die längst fällige Wende konnte ihren Lauf nehmen.

Material 11–16

a)

Staaten werden vorgeschoben, um im „Interesse" der hinter ihnen stehenden Machthaber einen gewaltsamen Konflikt stellvertretend zu führen.

b)

Die Welt war in Blöcke des Einflussbereiches der UdSSR und der Vereinigten Staaten von Amerika geteilt. Die Karte zeigt die Bereiche der NATO und des Warschauer Pakts mit ihren Verbündeten. Vormachtstreben, Weltherrschaft und totale Dominanz waren die beiderseitigen Ziele.

c)

Es ging den Westmächten um die Eindämmung des sozialistischen Einflussbereichs.

d)

Die Besatzungstruppen der drei Westmächte in den Westsektoren Berlins wurden als Störfaktor im Gesamtgebiet der DDR angesehen.

e)

Westberlin sollte entmilitarisiert und dann der DDR angegliedert werden.

Die USA hatten dagegen erklärt, dass der Besatzungsstatus von Westberlin unter allen Umständen erhalten bleibt.

f)

Der Koreakrieg wirkte als Beschleuniger, weil er die Einstellung der Westmächte zu einer Wiederbewaffnung der BRD erheblich beeinflusst hat. Zuvor war die Mehrheit der Bevölkerung dafür, entmilitarisiert zu bleiben.

g)

Kuba wurde sozialistisch und „Satellitenstaat" der UdSSR, die auf der Insel Raketenstationen errichten wollte, um die USA mit Atomraketen problemlos erreichen und bedrohen zu können.

h) + i)

Vietnam war geteilt und führte einen blutigen Bürgerkrieg. Der sozialistische Norden wurde von China und der UdSSR militärisch unterstützt, der Süden zunächst von Frankreich (Indochinakrieg) und später durch die USA (Vietnamkrieg). Die USA hatten nach der weltweiten Meinung in Vietnam nichts zu suchen. Der Krieg dauerte zu lang und die Soldaten waren demotiviert, weil sie den Sinn ihrer verheerenden Kriegführung gegen den Vietkong auf Dauer nicht verkrafteten. Viele kamen als schwer traumatisierte Soldaten in die USA zurück.

Den Kriegseintrittsgrund bot US-Präsident Lyndon B. Johnson die sogenannte „Tonkin-Lüge", eine rein erfundene, angebliche Attacke der Nordvietnamesen auf das schwer bewaffnete Militärschiff „USS Maddox" in der Bucht von Tonkin, wie man heute aus den Dokumenten sicher weiß.

j)

Die Manöver wurden im Laufe der Zeit immer „realistischer" angelegt und geplant. Man erkannte, dass die Kriegsgefahr bei Geheimhaltung zu groß war und es besser sei, den Gegner zu informieren.

k)

Die BRD stand aufgrund der geografischen Lage im Zentrum der Aufrüstung. Kanzler Helmut Schmidt befürchtete ein „Ungleichgewicht" und hat daher massiv auf Nachrüstung (NATO-Doppelbeschluss) gedrängt, der ohne ihn kaum gefasst worden wäre.

l)

Beide Blöcke zogen die Mittelstreckenraketen gleichermaßen aus Mitteleuropa zurück.

© Persen Verlag

Material 17–20

a)

Wandel durch Annäherung

Politischer Ausgangspunkt: Anerkennung Status quo

Politisches Grundprinzip: mehr Menschlichkeit

Kontakte der Regierungen

Auslotung der Handlungsmöglichkeiten

b)

Weil konservative Politiker das Ziel der Wiedervereinigung in Gefahr sahen.

c)

Offenheit bzw. Transparenz und die Möglichkeit zur Umgestaltung gehörten jetzt zu politischen und gesellschaftlichen Realität. Neue Wege und Strukturen in allen Lebensbereichen wurden damit möglich.

d)

Die Breschnew-Doktrin ermöglichte es der UdSSR, in Staaten militärisch einzugreifen, wenn die sozialistische Entwicklung gefährdet war. Die Sinatra-Doktrin gesteht im Gegensatz dazu jedem Staat die eigene und alleinige Entscheidung zu, wie er sich entwickeln will.

e) + f)

Das sozialistische Staatensystem hatte sich nicht bewährt, weil es die Wirtschaft und die Lebensumstände der Menschen verschlechterte, statt sie zu verbessern. Die UdSSR war wirtschaftlich und politisch am Ende. Die von ihr abhängige DDR wurde mit in den Abgrund gezogen, das konnte Erich Honecker mit seiner starren politischen Haltung nicht verhindern. Es gab in fast allen osteuropäischen Staaten auf den Kommunismus bezogene Auflösungserscheinungen.

g)

Helmut Kohl war zunächst eher abwartend. Als er sah, dass die Zeichen auf Wiedervereinigung stehen, erstellte er seinen 10-Punkte-Plan. International stieß er damit auf historisch motivierte Ängste, ein vereintes Großdeutschland könnte wieder gefährlich werden. Das wurde von den USA nicht geteilt, so konnte Kohl sich durchsetzen und das deutsch-französische Verhältnis wurde sogar gestärkt.

h)

Deutschland entsteht ohne den Teil östlich der Oder-Neiße.

Die Grenzen sind endgültig.

Deutschland verzichtet auf ABC-Waffen.

Das Militär wird auf 370 000 begrenzt.

Keine Atomwaffen im Ostteil.

Deutschland hat keinen Besatzungsstatus mehr und wird – mit gewissen Einschränkungen – ein souveräner Staat.

i)

Im Westen der ehemaligen UdSSR sind eigenständige Staaten entstanden: Estland, Lettland, Litauen, Weißrussland, Ukraine.

© Persen Verlag

Quellenverzeichnis

Texte

Adenauer, Konrad: Briefe über Deutschland 1945–1955. Eingeleitet und ausgewählt von Hans Peter Mensing aus der Rhöndorfer Ausgabe der Briefe. München 1999.

Bahr, Egon: Wandel durch Annäherung. Rede in der Evangelischen Akademie Tutzing (Tutzinger Rede), 15. Juli 1963. Nach Deutschland Archiv 8 (1973).

Bahr, Egon: Drei Briefe und ein Staatsgeheimnis. In: DIE ZEIT, 21/2009.

Benz, W: Kriegsziele der Alliierten. In: Informationen zur politischen Bildung/Heft 259. Bonn 2005.

Churchill, Winston: Rede in Fulton/USA, 5. März 1946.
In: www.chronik-dermauer. de/180128/rede-von-winston-churchill-in-fulton-usa-5-maerz-1946.

Churchill, Winston: Telegram No. 44 from Churchill to President Truman.
In: Churchill Archive for Schools, www.churchillarchiveforschools.com.

Die Mauer und ihr Fall. In: Presse- und Informationsamt des Landes Berlin, 1996.

Dokumente zur künftigen politischen Entwicklung Deutschlands [Frankfurter Dokumente], 1. Juli 1948. Unter: www.1000dokumente.de

Internationale Pressekonferenz Walter Ulbrichts (15. Juni 1961) in:
Dokumente zur Deutschlandpolitik IV/6 (1961).

Mastny, V.: Able Archer. An der Schwelle zum Atomkrieg?
In: Krisen im Kalten Krieg, bpb Schriftenreihe 767. Bonn 2009.

Truman, Harry S.: Message to Congress; March 12, 1947; Document 171; 80th Congress, 1st Session; Records of the United States House of Representatives; Record Group 233; National Archives. Übers.: A. Philipp.

Vertrag über die Grundlagen der Beziehungen zwischen der Bundesrepublik Deutschland und der Deutschen Demokratischen Republik vom 21. Dezember 1972, In: Bulletin Presse-/Informationsamt der Bundesregierung, Nr. 155.

© Persen Verlag

Quellenverzeichnis

Abbildungen

I. Deutschland 1945–1949

1. „Die Großen Drei“

Teheran Conference, 1943, gemeinfrei
commons.wikimedia.org/wiki/File:Tehran_Conference_,_1943.png

„Die Großen Drei“, 1945
Bundesarchiv, Bild 183-R86965 / CC-BY-SA 3.0
commons.wikimedia.org/wiki/File:Bundesarchiv_Bild_183-R86965,_Potsdamer_Konferenz,_Gruppenbild.jpg

4. Die Potsdamer Konferenz und die Teilung Deutschlands

Deutschland Besatzungszonen 1947, 52 Pickup
Creative Commons Attribution-ShareAlike 2.5 Generic (CC BY-SA 2.5)
commons.wikimedia.org/wiki/File:Map-Germany-1947.svg

US-Präsident Harry S. Truman, 1951, Frank Gatteri,
United States Army Signal Corps, gemeinfrei
commons.wikimedia.org/wiki/File:Harry_S._Truman.jpg

7. Entstehung der BRD und der DDR

BRD/DDR Positionskarte 1957–1990, TUBS
Creative Commons Attribution-ShareAlike 3.0 Unported (CC BY-SA 3.0)
commons.wikimedia.org/wiki/File:East-West-Germany-October_1949-July_1952.svg

8. Das politische System der Bundesrepublik Deutschland

Das politische System der BRD, Alleskönner
Creative Commons Attribution-ShareAlike 3.0 Germany (CC BY-SA 3.0 DE)
commons.wikimedia.org/wiki/File:Politisches_System_Deutschlands_neu.svg

10. Flucht und Vertreibung

Deutsche Flüchtlinge und Vertriebene
© Stiftung Haus der Geschichte der Bundesrepublik Deutschland

11. Europa: politische Gliederung 1939 und zur Zeit des Eisernen Vorhangs 1949

Politische Gliederung Europa 1935–1939
Creative Commons Attribution-ShareAlike 3.0 Unported (CC BY-SA 3.0)
commons.wikimedia.org/wiki/File:Second_world_war_europe_1935-1939_map_de.png

Karte des Eisernen Vorhangs in Europa © Sémhur
Creative Commons Attribution-ShareAlike 4.0 International (CC BY-SA 3.0)
commons.wikimedia.org/wiki/File:Iron_Curtain_map.svg

II. Die wichtigsten Ereignisse bis zur Wiedervereinigung

1.1 Außenpolitik nach 1945 – der Kalte Krieg

Atombombenabwurf auf Nagasaki, 1945, gemeinfrei
en.wikipedia.org/wiki/File:Nagasakibomb.jpg

1.2 Der Eiserne Vorhang

Winston Churchill, Cecil Beaton, gemeinfrei
commons.wikimedia.org/wiki/File:Winston_Churchill_As_Prime_Minister_1940-1945_MH26392.jpg

Quellenverzeichnis

2. Zwei neue deutsche Staaten „unter Vorbehalt"

Deutsche Flaggen, derivative work: Fry1989 (talk) 00:06, 7 March 2011 (UTC)
Creative Commons Attribution-ShareAlike 3.0 Unported (CC BY-SA 3.0)
commons.wikimedia.org/wiki/File:Flag_map_of_Germany_(separation).svg

3. Die Ära Adenauer 1949–1963

Konrad Adenauer
Creative Commons Attribution: Bundesarchiv, B 145 Bild-F078072-0004 / Katherine Young / CC-BY-SA 3.0
commons.wikimedia.org/wiki/File:Bundesarchiv_B_145_Bild-F078072-0004,_Konrad_Adenauer.jpg

5. Verhältnis zu Frankreich

Charles de Gaulle und Konrad Adenauer, 1958
Creative Commons Attribution: Bundesarchiv, B 145 Bild-F015892-0010 / Ludwig Wegmann / CC-BY-SA 3.0
commons.wikimedia.org/wiki/File:Bundesarchiv_B_145_Bild-F015892-0010,_Bonn,_Konrad_Adenauer_und_Charles_de_Gaulle.jpg

7. 17. Juni 1953

Sowjetische Panzer in Leipzig, 1953
Creative Commons Attribution: Bundesarchiv, B 285 Bild-14676 / Unknown / CC-BY-SA 3.0; commons.wikimedia.org/wiki/File:Bundesarchiv_Bild_175-14676,_Leipzig,_Reichsgericht,_russischer_Panzer.jpg

Gedenktafel Alfred Diener, Jena, Evergreen68
Creative Commons Attribution-ShareAlike 3.0 Unported (CC BY-SA 3.0)
commons.wikimedia.org/wiki/File:17Juni_Jena_Holzmarkt.JPG

8.2 „Niemand hat die Absicht, eine Mauer zu errichten!"

Berliner Mauer vor dem Brandenburger Tor, Ralf Roletschek - Fahrradtechnik auf fahrradmonteur.de, gemeinfrei
commons.wikimedia.org/wiki/File:2010-03-08-berlin-mauer-by-RalfR-12.jpg

9. Politische Probleme Walter Ulbrichts

Berlin, VIII. SED-Parteitag, Honecker, Husak, Ulbricht, 1971; Foto Wolfgang Thieme
Attribution: Bundesarchiv, Bild 183-K0614-0006-003 / CC-BY-SA 3.0
commons.wikimedia.org/wiki/File:Bundesarchiv_Bild_183-K0614-0006-003,_Berlin,_VIII._SED-Parteitag,_Honecker,_Husak,_Ulbricht.jpg

10. Sozialismus Honeckers

Helsinki, KSZE-Konferenz, Honecker, Schmidt, Foto: Dieter Demme
Attribution: Bundesarchiv, Bild 183-P0730-033 / Demme, Dieter / CC-BY-SA 3.0; commons.wikimedia.org/wiki/File:Bundesarchiv_Bild_183-P0730-033,_Helsinki,_KSZE-Konferenz,_Honecker,_Schmidt.jpg

11. Krisen im Kalten Krieg

NATO und Warschauer Pakt (1949–1990)
Creative Coomons Attribution-ShareAlike 3.0 Unported (CC BY-SA 3.0)
commons.wikimedia.org/wiki/File:NATO_vs._Warsaw_(1949-1990).svg

12. Berlinkrisen

Berliner Luftbrücke 1948, Rosinenbomber, USAF, gemeinfrei
commons.wikimedia.org/wiki/File:C-54landingattemplehof.jpg

13. Koreakrieg: Katalysator der Wiederbewaffnung Deutschlands

Nord- und Südkorea, Johannes Barre (IGEL)
Creative Commons Attribution-ShareAlike 3.0 Unported (CC BY-SA 3.0)
commons.wikimedia.org/wiki/File:Map_korea_german_labels.png

© Persen Verlag

14. Kubakrise

Women strike for Peace, Phil Stanziola, gemeinfrei
commons.wikimedia.org/wiki/File:Women_Strike_for_Peace_NYWTS.jpg

15. Vietnamkrieg

Zweiter Indochinakrieg 1971–1973, Don-kun, NordNordWest
Creative Commons Attribution-ShareAlike 3.0 Unported (CC BY-SA 3.0)
commons.wikimedia.org/wiki/File:Vietnam_war_1971-1973_map_de.svg

16. Zweiter Kalter Krieg: Manöver „Able Archer“

NATO und Warschauer Pakt, Rüstung im Kalten Krieg 1959
Creative Commons Attribution-ShareAlike 3.0 Unported (CC BY-SA 3.0)
commons.wikimedia.org/wiki/File:EuropaNATOWP1959.png

NATO und Warschauer Pakt, Rüstung im Kalten Krieg 1973
Creative Commons Attribution-ShareAlike 3.0 Unported (CC BY-SA 3.0)
commons.wikimedia.org/wiki/File:NATO_und_Warschauer_Pakt_-_Truppenstärke_-_(1973).png

17. Beginn der „Normalisierung“ 1969: Neue Ostpolitik

Egon Bahr
Creative Commons Attribution: Bundesarchiv, B 145 Bild-F030521-0007 / Reineke / CC-BY-SA 3.0
commons.wikimedia.org/wiki/File:Bundesarchiv_B_145_Bild-F030521-0007,_Egon_Bahr.jpg

18. Ära Gorbatschow: Politikwechsel der UdSSR

Michail Gorbatschow
RIA Novosti archive, image #359290 / Yuryi Abramochkin / CC-BY-SA 3.0
commons.wikimedia.org/wiki/File:RIAN_archive_359290_Mikhail_Gorbachev.jpg

19. Gründe für den Zusammenbruch der Sowjetunion und Aufbruch der DDR

DDR im Aufbruch
Zahlenbild 552800 © Bergmoser + HöllerVerlag

20.1 Der Weg zur Deutschen Einheit

Zehn-Punkte-Programm für Deutschland
Zahlenbild 58280 © Bergmoser + Höller Verlag

20.2 Der Zwei-plus-Vier-Vertrag

Zwei-plus-Vier-Vertrag, Zahlenbild 58310
© Bergmoser + Höller Verlag

20.3 Politische Gliederung Europas 1990 und 2013 im Vergleich

Europa, politische Gliederung 1990, Kolja21
Creative Commons Attribution 3.0 Unported (CC BY 3.0)
commons.wikimedia.org/wiki/File:EC12-1990_European_Community_map.svg

Europa, politische Gliederung 2013, Kolja21
Creative Commons Attribution 3.0 Unported (CC BY 3.0)
commons.wikimedia.org/wiki/File:EU28-2013_European_Union_map.svg

© Persen Verlag

Hier finden Sie alle Unterrichtsmaterialien

der Verlage Auer, AOL-Verlag und PERSEN

immer und überall online verfügbar.

Das Online-Portal für Unterricht und Schulalltag!